名校名师丛书

教师成长故事启示录

徐潜 张连华 编著

任颖 陈雅坤 副主编

北京出版集团公司
北京教育出版社

图书在版编目（CIP）数据

教师成长故事启示录 / 徐潜，张连华编著 . — 北京：北京教育出版社，2019.3

（名校名师丛书）

ISBN 978-7-5704-0416-2

Ⅰ . ①教… Ⅱ . ①徐… ②张… Ⅲ . ①中小学—师资培养—研究 Ⅳ . ① G635.12

中国版本图书馆 CIP 数据核字（2018）第 146139 号

名校名师丛书

教师成长故事启示录

徐潜　张连华　编著

*

北京出版集团公司
北京教育出版社　出版

（北京北三环中路 6 号）

邮政编码：100120

网址：www.bph.com.cn

北京出版集团公司总发行

全国各地书店经销

天津兴湘印务有限公司印刷

*

710 × 1000　16 开本　12 印张　150 千字

2019 年 3 月第 1 版　2019 年 3 月第 1 次印刷

ISBN 978-7-5704-0416-2

定价：36.00 元

质量监督电话：（010）58572817　58572750　58572393

前言

新课改对教师提出了教育专业工作者的要求，这就是教师要成为学生成长的引领者，学生潜能的唤醒者，教育内容的研究者，教育艺术的探索者，学生知识建构的促进者，学校制度建设的参与者，校本课程的开发者……教师既要做教育的行家，又要做锐意进取、充满智慧的创新能手；既要引导学生“为学”，又要引领学生“为人”。这就要求教师不断地学习，不断地提升自己的素质修养、教学技巧与方法。教师只有具备了新观念、新方法和新知识，才能领导和帮助学生学习知识。

教师的成长充分展现了个人的思路、情感、兴趣、愿望、意志、能力、知识，实现自己的理想，并不断地自我创新和发展。教师在工作中必须主动同他人打成一片，对小事泰然处之，不斤斤计较，具有非恶意的幽默感，勤于思考问题，具有创新意识和能力，人际关系密切和谐，等等。在教师的成长过程中，会充满冲突、挑战、怀疑和矛盾，但是在处理这些问题的时候能够让教师获益匪浅。

《教师成长故事启示录》正是将许多教师成长过程中发生的一些具有意义的故事集合在一起，使教师们通过真实的故事来学习、应答、反思和评估，从而成长。

本书从教师与学生的关系、学生的学习生活、家校沟通、学生心理等多个角度出发，精心挑选许多优秀教师的故事，真实地记录了教师行动的整个过程、行动中所遇到的种种困难以及所取得的成果，并且反映了实践反思对教师成长的意义，使得教师在阅读的过程中进行教育教学水平的总结，并根据自己的实际情况进一步调整行动计划，找到提升自我素质和教育学生的更好方法。

只有思想才能传递思想，只有精神才能唤醒精神。透过本书的文字，我们听到了教师的心声，从妙语佳句中体会出教师的成长智慧及其肩负的重任。本书为教师的成长与发展搭上了一把激发他们潜能的、长长的梯子，教师在这梯子上不断地攀爬，从而领略更高处、更远处的风景，持续不断地建构教师的素质与能力，提升教师的教育水平和质量。

在本书编写的过程中，我们参考和借鉴了许多优秀的教育案例，在此，谨向有关教师和学者表示由衷的感谢。我们也衷心地希望这本书能成为阅读此书的教师朋友的得力参谋和助手，能帮助教师不断成长、不断进步。

由于时间仓促，书中难免有纰漏之处，希望读者批评指正。

编　者

目 录

师生·朋友

教师应当成为孩子的朋友，深入到他的兴趣中去，与他同欢乐、共忧伤，忘记自己是教师。这样，孩子才会向教师敞开他的心灵。

——苏霍姆林斯基

教育·生活

真正的教育能手，对学生也是有督促、有强制、有逼迫的，但是他在做到这一切的时候，永远不会去扑灭儿童心中那一点宝贵的火花——要成为一个好人的愿望。

——苏霍姆林斯基

协调·沟通

教师做学生的朋友，这意思并不只是跟他们一起到树林里去，坐在篝火旁吃土豆。真正的教育者跟学生有许多东西可谈，这样学生才会珍惜跟老师的友谊。

——苏霍姆林斯基

疏导·启迪

世界上没有才能的人是没有的。问题在于教育者要去发现每一位学生的禀赋、兴趣、爱好和特长，为他们的表现和发展提供充分的条件和正确引导。

——苏霍姆林斯基

师生·朋友

教师应当成为孩子的朋友，深入到他的兴趣中去，与他同欢乐、共忧伤，忘记自己是教师。这样，孩子才会向教师敞开他的心灵。

——苏霍姆林斯基

“外号”变昵称

【教师故事】

那是星期一的早上，我正在办公室埋头改作业，我班的郭欣琪泪眼汪汪地冲进办公室，说：“老师，蔡佳新给我起外号！”我放下笔，饶有兴趣地问：“给你起了什么外号呀？”“康乃馨！”我笑了，郭欣琪长得漂亮，性格温顺乖巧，正像一朵含苞欲放的康乃馨！亏蔡佳新想得出来。蔡佳新何许人也？他可是我班的副班长，自称605班的小才子，脑瓜子灵活得很，点子也多，作文写得很棒，也喜欢写诗，爱讲笑话，常常引来哄堂大笑，在班里是同学们的“开心果”。给同学起外号可能又是他心血来潮的想法，估计并没有恶意。于是，我便对郭欣琪说：“你知道康乃馨是什么吗？是一种花的名字。康乃馨可漂亮了，就像你一样。”郭欣琪看我赞她漂亮，才破涕为笑，但还是对这“外号”不以为然，看我没有批评蔡佳新的意思，便只好离开办公室。我以为就这样平息了一件事。可是没过多久，又有几个男同学气冲冲地跑过来跟我说谁谁给他们起了外号，看来“外号”在我班正悄然流行，而同学们对“外号”并没有多少好感。我想下午必须在夕会课上平息这场风波。

夕会课铃声响了，我一边思考着如何解决这个问题，一边踏着平稳的步履走到讲台上，开门见山说道：“同学们，我听说我们班有很多同学有外号是吗？”我的话音刚落，下面便七嘴八舌起来。“是蔡佳新起的。”“张介安叫鸡安。”“他管我叫胖豆。”……我接着说：“有外号的同学请举手。”同学们纷纷举手，还真不少！他们有委屈的，有尴尬的，有愤怒的，也有觉得好玩的。

我微笑着让他们把举起的手放下："孩子们，古代有许多文人雅士都有自己的字号，你看李白的号是青莲居士，杜甫叫少陵野老，诸葛亮叫卧龙先生……说起'外号'，其实是自己另外一个区别于别人的记号，相当于另外的一个名字。"我有意把"外号"和古代那些文人雅士的字号混为一谈，淡化孩子们对"外号"的反感。"你们不是有QQ吗？QQ的昵称也是你另外一个名字，所以说，有外号不是什么大不了的事，也不必大惊小怪的。但是取名字可是大有学问的，有文化的人起的外号会比较文雅别致，让人听起来舒服。而没有文化的人才会给别人起一些低俗的外号。起外号最忌拿别人的缺点做文章，这不仅反映了这个起外号的人素质低下，还体现这个人的道德修养有问题，这不可取。"孩子们看我没有批评起"外号"这件事，反而有大加赞赏的意思，便开始议论纷纷，当然，脸上的不满少了许多。

让我意外的是，从此以后再也没有人来投诉关于起"外号"的事了，当我再问起这件事时，居然有学生骄傲地说："老师，我也给自己起了个'外号'。"有些同学还把自己的"外号"当作笔名写在作文本上，这让我哭笑不得。也难怪，这个时代本来就是"外号"满天飞的时代。

【故事启示】

很多孩子的想法是天真、纯洁的，他们有着丰富的想象力，有时在别人眼里或许是一种不可思议的事，但在他们的眼里，却恰恰是一种创新。他们并没有什么歪心思。所谓的"思想不正确"很多时候是我们大人强加给孩子的。他们只是有时候把丰富的想象力和联想能力用在了不恰当的地方，教师所要做的就是引导他们在适当的地方以适当的方式展示自己的才华。

小举动，换真爱

【教师故事】

那是两个月前的一个早上，我在办公室里批改作业。在一大叠的作业本中，我无意中发现刘琪作业本的封面已经快要“支离破碎”了。于是我拉开抽屉，拿出剪刀和透明胶把她作业本的封面小心翼翼地粘贴起来。一会儿工夫，她的作业本已“改头换面”了。科代表把作业本拿回教室发给同学们。第三节课是我的课，我提前到教室，突然发现刘琪哆哆嗦嗦地蜷缩在座位上，看样子是有点儿不舒服了。于是，我赶紧走过去关切地问她是不是不舒服。她老实地告诉我，她觉得很冷。于是，我脱下自己的外套，轻轻地披在她的身上。她仿佛非常感动，眼里尽是感激……

第二天早上，我收到她送给我的一封信，那封信的封面上还粘贴着一个小花球，看样子是经过精心装饰的。我打开一看，信中写道：“老师，感谢您，您会笑的眼睛给了我很多的鼓励和支持，您给我披衣服的情景我现在仍记忆犹新……老师，难忘您的爱！”

【故事启示】

作为一名教师，自己一个小小的举动，孩子们都会铭记于心，甚至把它收藏在记忆深处。教师应该让孩子们收获更多师爱，教师把爱洒向孩子们的同时，也收获了孩子们的“鲜花和掌声”！

因为一个小小的举动，就能收获孩子最诚挚的赞美；有了孩子最诚挚的赞美，教师就像得到了一笔宝贵的精神财富；而这一笔宝贵的精神财富，能够让教师感受到人生的价值。

“冷处理”是个好办法

【教师故事】

我班有一个叫童祥的学生，刚开始接管这个班的时候，我就已经见识过他的“厉害”——话多，上课小动作多，作业偷工减料，劳动拈轻怕重，骂人打架也是常有的事，经常听到同学们甚至是家长对他的投诉。他就是属于那种个性偏激、容易冲动、自我控制力比较差的学生，我对他的行为曾一度感到头痛。刚开始那段时间，对于经常违纪犯错的他，我会毫不留情地把他叫到面前，狠狠地教训他一番。表面上他答应改正，但实际上还是老样子，总是管不住自己。随着和他相处的时间长了，我发现“暴风骤雨”这种办法对他是不起作用的，他早已习以为常了。是的，如果批评有用的话，那对他的批评已经够多的了，按理说缺点应该改了不少，但事实并非如此。该用什么办法来改变他呢？我也在不断摸索和尝试。实践证明，“冷处理”对于童祥来说是个有效的办法。对于他的违纪，只要不是什么原则性的大错误，我多数采用的是“不生气、不理睬、装糊涂”等办法来对待。说来也怪，没有像以前“猫盯老鼠”那样盯着他了，他反而有所收敛了。

印象最深的还是那一次，童祥听到背后有同学在议论他，以为同学在说他的坏话，一时气不过竟抡起拳头就把那同学打得倒在地上。值日老师来劝架差点儿还拉不开他。当时我也很生气，但我这次并没有不分青红皂白去训斥他，而是让自己冷静下来，平静地把他带到办公室，先让他站在一旁，我自己则照样改我的作业，一段时间都没有去理他。我就想给他时间和空间，让他自己好好反省，自己去调节心态，进行自我批评。半小时过去了，看他的火气已经下去了，我才把他叫到身边了解事情的经过，然后指出他的不足，教他该怎样克制自己的情绪，直到把他说得心服口服。下课后两个人都向对方认了错，道了歉，还诚恳地在班上作了检讨，童祥还请同学们监督他的行为。这起武力事件就这样用“冷处理”的方式和平地解决了。

【故事启示】

有人说“冷处理”的过程就是学生自己教育自己的过程，这当中也体现出教师的宽容，体现了教师的教育艺术。“冷处理”让教师从琐碎的小事中解脱出来。有时教育孩子就是这样，面对一个控制力差、顽劣任性的孩子，你的大惊小怪、火冒三丈是于事无补的，如果教师死心眼儿，学生就难免一根筋，根本不能取得好的教育效果。这个时候教师大发雷霆、怒火冲天，很有可能对学生的情感造成伤害，也有损教师自身形象。对于学生那些非原则性的错误，适当采取“冷却降温”的方法对其进行“冷处理”，有时往往能收到意想不到的效果。

在实际工作中，班主任需要调节好自己的心态，做到因材施教，带着智慧和爱心、带着责任感来灵活使用“冷处理”这一方法，做好本职工作。

付出是雨露

【教师故事】

数学老师喉咙发炎，请假快一个星期了，我又改语文作业，又改数学作业，课间都忙得透不过气来！一天中午起床，回到教室，还没来得及梳头发，孩子们就在我面前排起了长长的队伍等着订正作业。郑腾昊站在我旁边，好像有话跟我说，但是看到我那么忙，就站在旁边等我。这时，他看到几位同学拿着数学作业给我改，便大声说道："龙老师是语文老师，你们没看见龙老师那么累吗？走开，不改数学作业！"我和孩子们都盯着他看，只见他脸涨得通红，说话却是理直气壮的，很可爱。几秒钟过后，我笑了起来，孩子们也笑了。

这样孩子气的话，却让我感受到极大的温暖。这些孩子虽然小，可是却学会了关爱、体贴他人。我们班的学生还会争先恐后地为我做许多事情，如端饭、打水、洗碗、背包等。当然，他们同样也会关心其他老师和同学。我经常被他们这种童真的关心和体贴感动。

魏书生说，这种关心的感情幼芽开始肯定很弱、很嫩，全然不像炮火连天的战场上用全部生命表现出来的那种关心。但你别嫌它小，珍惜它，一点点地培植它，抚育它，它就会长，长得蓬蓬勃勃，长得苍劲有力，长得经得起狂风吹、暴雨打。从他们积极的身影上我感觉到他们做这些事情的时候也是快乐的，因为他们在帮助别人的时候感受到了自己的价值和成长的喜悦。所以我觉得孩子不仅需要家长和老师的宠爱和呵护，也需要有机会学着为别人着想，为别人付出。只有让他们从以自我为中心的天地里走出来，他们才能更健康快乐地成长！

【故事启示】

教师在管理班级的时候，要关注每一位孩子，走近他们，聆听他们的心声，要善于在平凡中、在小事中播种关心学生的感情。而且不仅只是播种，还要培植种子萌发的幼芽，一点点浇水、施肥，它才能长成参天大树。因为情感是相互的，是能产生共鸣的，教师的心理状态、教师的生活态度、教师的工作习惯都有可能落入孩子的眼中，在他们幼小的心灵世界产生回响。

只要善于播种，就到处都有播种的机会；只要善于培植，你就能生活在幽深茂密的长满关心的感情之树的森林中。

师爱竟是如此美丽

【教师故事】

一个星期三的早上，我正在办公室准备去上课。突然，一个穿着红色上衣的小女孩推门进来，冲着我说："老师，你们班有个学生拾了我的钱，他不给我。"说着回头指了指跟在她后面的一个男孩说，"就是他。"

我抬头一看，是我班的陈智，只见他低着头。陈智给老师的印象是上课精力不集中，好动，爱接话茬，作业经常出错，是一个让老师操心的学生。"陈智，你拾了同学的钱了吗？"我有些着急地问道。"老师，我没拾，那钱是我的。"陈智说着抬起头，两眼注视着我。"你说，他拾到了你的钱，有什么证据吗？"我转过头来对小女孩说，"事情是怎样发生的？"只见小女孩不慌不忙地说："今天早上，妈妈给了我两元买饭的钱，在上学的路上，我一摸口袋，发现钱没了。然后我看见他在我后面，拾到我的钱，放在他裤子前面的口袋里，我向他要钱，他不给我，他用我的钱去小卖部买了块橡皮。"我听完小女孩的话，立刻转向陈智，想起他平时的表现，心平气和地说："陈智，你跟老师说实话，你到底拾没拾到她的钱，如果拾到了，你就还给她，老师替你保密，好吗？""老师，我没有拾到她的钱，那钱是我妈妈给我的，让我买学习用品的。"陈智显得有些着急，眼里含着泪，声音很高。

是小女孩撒谎，还是陈智做错了事不敢承认？我有些疑惑了。但是不管怎样，我一定要把事情调查清楚，不能这样简单解决了事。

上课铃响了。我对他俩说："老师相信你们说的是真话，但是，你俩都找证人，证明你说的是实话，好吗？如果知道自己错了，要敢于承认错误，做一个诚实的好孩子。"

中午放学后，我顾不得吃饭，立刻和陈智的妈妈取得联系，请她配合一下。

下午一上班，我就接到了陈智妈妈打来的电话，得知她确实给了孩子买橡皮的钱。她还特别强调陈智裤子前面根本没有口袋，而且陈智气得中午没吃饭，所以她希望我还孩子一个清白。"难道是二年级的小女孩在撒谎？"我又找到小女孩的班主任了解情况，请她与小女孩为这件事单独谈一次心，过后，我又一次和小女孩进行了谈话。

下午放学后，小女孩在班主任的陪同下，来到了我的办公室。只见小女孩低着头，声音很低很小地说："老师，钱不是小哥哥拾的，我怕妈妈打我，我就撒谎了……"看着小女孩心诚的样子，我深情地说："孩子，你知道自己错了，老师真为你高兴，但是你不该说谎使小哥哥受委屈，他心里特别难受，到现在都没有吃饭呢……这样吧，明天中午午练时间，你到我班门口走廊，给小哥哥赔礼道歉好吗？"小女孩使劲地点点头，但是我心里却不是滋味。

第二天中午午练，我把陈智和小女孩叫到一起，小女孩流着泪向陈智道歉，陈智竟然很大度地说了声："没关系。"

第三天，我收到了陈智写的一篇日记，其中写道："王老师，谢谢您，您是一位好老师，是您还了我一个清白，让我体会到了您对我的关爱，我今后一定改掉我身上的缺点……"

几天后，在楼梯口处小女孩看到了我，远远地跑来，羞怯怯地对我说："王老师，您好，谢谢您！我会做一个诚实的好学生。"说完就跑开了。我回忆着她留给我的灿烂的笑脸，心里快乐极了。我抬头望着湛蓝的天空，上面飘着的几朵白云是那么纯洁。我不禁想道："师爱，竟是如此美丽。"

【故事启示】

作为一名教师，要时刻从“以人为本，为了学生终身发展”的理念出发，怀有对学生深深的爱，在学习、生活中都应该用爱将学生包围。这则故事给了我们这样的启示：

1. 师爱是教育成功的前提

在教育学生的过程中，教师要对学生充满爱。法国教育家卢梭说：“只有真心实意地爱学生，才能精雕细刻地去塑造他们的心灵。”没有爱就没有教育。上面的故事就是教师通过自己对学生的爱，教育学生要做一个诚实的人。

2. 师爱讲究艺术

教师对学生的爱是理解、信任、尊重、鼓励，是一种能触及灵魂的教育过程。这就要求教师在教育学生的过程中要讲究艺术。

（1）要保护学生的自尊心。教师在点点滴滴的小事中，要注意调控自己的教育行为，不要感情用事，挫伤学生的自尊心，教师要给予学生理解和爱。故事中的小女孩知道自己撒谎是不对的，教师没有公开批评她，让她给陈智道歉也是秘密进行的，这样就保护了小女孩的自尊心，使她幼小的心灵没有受到伤害，在教师和风细雨的教育下，她改掉了自身的缺点。

（2）要用发展的观念看待学生。故事中的陈智，在教师眼里并不是一个好学生，但是教师在听完小女孩的解释后，并没有凭经验、凭对陈智的印象直接下结论，而是做到“没有调查就没有发言权”，避免了对学生造成心灵上的创伤。同时，教师用一种发展变化的观点对待学生，对学生做出了全面、正确的评价。

教师给学生的爱，应该像母爱那样细腻而温柔，应该像父爱那样广博而深沉，让每一个学生在成长的道路上沐浴着温暖的阳光。

师爱无价

【教师故事】

家庭是一个孩子成长的摇篮，孩子生活在好的家庭里，能促使他形成优秀的品质、良好的个性。如果一个家庭由于一些因素而导致父母离异，对孩子心灵会造成很大创伤，甚至会使一些孩子丧失进取心和自信心。

我班有一个叫小童的孩子就是这样，他原本是一个各方面非常上进的孩子，聪明可爱，学习非常优秀，不但他的父母喜欢他，连同年级的老师也非常喜欢他。他曾经是我班的骄傲。可好景不长，三年级时，他的父母离婚了，谁都不要这个孩子，他只好跟着没文化又年过六旬的奶奶。

父母的离异给了小童莫大的伤害从此他就像变了一个人，每堂课都不能集中精力听课，总是看着某处发呆，昔日上课积极回答问题的他常常站在那不知所措。更让人不解的是，他不但每天不写作业，还抄别人的作业，谁要是不给他抄，他就会打谁骂谁。每天回家，他都不学习，放下书包就去玩，谁要是不听他的，他不是骂就是打，他的邻居经常找他奶奶告状。他奶奶如果说他，他连自己的奶奶都骂，在家摔门、踢东西是经常的事。

一次，他欺负邻居家的孩子，邻居找到学校，不容分说地数落起我来，我只好给人家赔礼道歉。许多老师都说这孩子不可救药了，都让我给学校建议把他开除算了，别为他操心惹气了。我曾经心动过，但又一想，我是他的班主任老师，我的职责是引导孩子健康成长。他的父母不管他，让学校开除他是轻而易举的事，但如果让他流入社会，没人管他，他很容易学坏，进而走上犯罪的道路。我反复对比他父母离婚前和离婚后他的表现，终于找到了症结所在，他是由于父母离婚后，缺少爱和关心才这样的。我决定像爱自己的孩子一样去关心、爱护他。

我从家里找来了孩子穿小的衣服，洗得干干净净送给他穿，他又惊又喜。放学后，别的老师都回家休息了，但我留下给他补课。在我的关心和帮助下，小童发生了变化，他不再和同学打架了，开始爱学习了。他跟我非常亲近，认定我对他最好，就跟我说出了一个十岁孩子的最大愿望，他说："闫老师，我可想吃鱼了！老师，我好久没吃小食品了，小食品好吃吗？"听到这话，我的鼻子一酸，眼泪差点儿落下来。第二天，我为小童特意做了一条鱼，又买了几袋小食品送给了他，他当时别提多高兴了。在他的脸上，我又看到了一个孩子天真幸福的笑容。

一次，小童的脚被扎伤了，我背着他到医务室包扎伤口，怕他的伤口感染，我特地将他又脏又臭的袜子洗了。这次，小童哭了，他拉着我的手说："闫老师，谢谢你，你比我妈对我都好。"从此，小童在学习上主动了，在校内外都很懂事，成为班级的"小雷锋"，最后，他以优异的成绩升入了初中。

毕业联欢会上，小童当着全班同学的面，说了几句心里话："我渴望母爱，哪怕是用我的生命去换取我也愿意。而在这个集体中，我感受到了从未有过的温暖，我爱这个集体，它成了我的家。闫老师，你像母亲一样关心爱护我，请允许我叫您一声'妈妈'。"听了小童发自内心的话语，我把他紧紧地搂在怀里，心中拥有了无怨、无悔、无私的宁静，感受到了奉献后的激动与幸福。

【故事启示】

家庭的不幸所导致的不良性格是影响一个人成长的重要因素，更是制约学习成绩提高的主要方面。在教育过程中，教师给予学生"爱"的体验，让他们生活在"爱"的环境中，成长在"爱"的氛围里，有利于他们良好情绪的形成。良好的情绪在人的生活、学习和工作中具有巨大的作用。本故事中的闫老师就是用

“爱”促成了学生个性的养成，增强了学生学习的进取心和自信心。爱能改变一切，教师对学生的爱和关心，会使学生感受到教师对其充满信心、爱心，从而使其在学习上产生一种必胜的信念。教师用心灵的温暖去医治学生灵魂的创伤，用自己精神的甘露去滋润学生干渴的心田，往往能把一个个别人认为不可救药，自暴自弃的学生塑造成一个好孩子。教师只有对学生爱得真，爱得纯，才能使学生在姹紫嫣红的百花园中健康成长。

作为教师，虽然很平凡，但很伟大。教师每天的一举一动、一言一行都是孩子成长的航标，教师做的每一件事都可能影响到孩子的一生。设想，当初如果闫老师放弃对小童的教育，今天的小童会是什么样子的呢？孩子虽然天真无邪，但他们的心灵十分敏感，尤其像小童这样的离异家庭的孩子，如果他们都能从教师的唇边、眼角、和蔼的语气和鼓励的目光中得到暗示，感受到教师对他们爱的温暖，那么就能增进他们的上进心，使他们更加自尊、自信、自强，与此同时他们还可以产生一种抗挫折的能力。可见，教师的爱对学生来说是多么重要啊！教师们，用真心去爱身边的每一个孩子吧！师爱是无价的。

“坏”孩子需要更多的爱和宽容

【教师故事】

教师节这一天，一束手叠花摆在教室的讲桌上，花下压着一封信：

老师：

您好，祝您教师节快乐。

三年的时光匆匆流逝，升入高年级后，在紧张的学习之余，我更加想念以前的老师，尤其是您。我让您费心了，请您保重身体。我将努力学习，报答师恩。

短短的信，淳朴的话语带着诚挚的心意，仿佛把我带回到三年前。

那是一个细雨蒙蒙的上午，正值新生领书，教室里热闹异常，45个新生，都睁大了眼睛等待着领取新书。我把一本本新书传发给孩子们，看着他们抚摸着一本本新书爱不释手。“同学们好！课本是我们学习知识的工具，我们要珍惜它。回家以后，请爸爸、妈妈帮你们包上书皮，好不好？”“咣”一声，门外走进来一个人，同学们用诧异的目光盯着他，有的还小声议论着什么。我一看，一个留着小平头、敞胸露怀的男孩站在门口。我忙问：“你也是这班的同学吧？快进来。”他瞟了我一眼，抬腿向座位上走去。这时我的目光被他走路的样子锁住了。“呀，他的腿怎么一瘸一拐的？”不只我吃惊，一部分同学也投去了疑惑的目光。等他坐到座位上后，我连忙把多出来的那套书给他送了过去，他用左手接过书。“回家把书皮包上好吗？”“我从来没包过书皮。”他冷冷地说。

第二天，他依旧衣冠不整，穿着一双拖鞋。我看到他的脚跛得挺厉害，不，不只是脚，他的右手也有毛病，难怪他用左手接书，难怪没包过书皮。这一连串的发现足以震撼我，使我急于想弄清他的“底细”。

谜底解开了：他叫李锋，比班内同学大一岁，留过级，很讲义气，品性散漫，贪玩，爱打架。为什么他与同龄的学生有这么大的差别？难道是自身残疾在作祟？果然不出我所料，经我了解，他的残疾是母亲未婚先孕，又害怕招致别人的口舌，紧紧勒腹造成的。由于生来就残疾，所以李锋非常自卑。按理说父母应抚慰他幼小的心灵，可是他的父母不但没给他精神上的安慰，反而因为他的残疾经常吵架，这对他来是雪上加霜。自身的缺陷，家庭环境的影响，再加上社会上一些坏风气的熏染，最终异致李锋“出口成脏”，与同学们“打”成一片。因此，同学们躲着他，一些胆小的学生不得不委屈自己，对他言听计从。

了解了全部情况后，我深知要想转化他并非一朝一夕、一言一行能做到的，我必须多给他关爱与宽容。李锋对我和同学存有戒心，甚至怀有敌意。起先，他对我的关心（帮他包书皮、剪指甲）保持沉默。我想，只要多一些耐心，他会愿意亲近我的。于是我利用上课提最简单的问题让他回答、课间谈心、课后辅导等多种方式亲近他。在学校他病了，我亲自给他倒水、拿药照顾他。俗话说“精诚所至，金石为开”，慢慢地他感到了我对他的爱护，渐渐地我从他的眼睛中读出了自信之火。

我知道其实他的内心是很脆弱的，只是为了避免他那玻璃似的心被打碎才假装坚强。我给他讲自卑的危害性，以张海迪的事迹激发他奋发向上、自爱、自重、自强的精神。一天，我把他叫到办公室，首先夸他如何聪明、如何豪爽，然后把他自己都不曾观察到的优点一点一滴地都给他摆了出来。李锋好几年没听到别人表扬他了，耳朵里都被责骂和训斥磨起了茧子，我这一番话，说得他就像三伏天吃了个冰镇大西瓜，心里那个美呀！“不过……”我突然话锋一转，“我看你也没多大出息。”“老师您是这么认为的吗？”“瞧你那表现，让我怎么看你呢？”“我要是改了呢？”我笑着摇了摇头不说话。“我要是改了呢？”这回他急了。“我请你去游乐场玩。”“当真？”“当真！”“算数？”“算数！”“好，我跟您赌定了！”

打那以后，他还真的开始变了，我于是不断“加温”，不断“浇水施肥”，小心翼翼地保护着他这刚刚萌发的积极性，就像保护着一棵刚出土的幼芽。最后，集体的温暖终于融化了冻土。

一次，李锋因做脚纠正手术休息了一个月，我趁此机会，发动学生去慰问、照顾他。同学们自发地去给他补课，并趁周末带上准备好的小节目演给他看。同学们这种真挚的友情感动了他。当他重回学校后，不再与同学发生争执了，并且在遇到别人打架、骂街时，他第一个冲上去劝解。同学们都说他变了，变得容易让人靠近了。

【故事启示】

故事中的教师采用的是“情感激励”法。“人非草木，孰能无情”，教育实践证明，激发学生良好的心理动机，调动其积极性和创造热情，离不开行之有效的情感激励。现在的学生思想活跃，情感丰富，知识面广，教师在开展教育工作时，应体现以“关心、理解、尊重、信任”为主要表现形式的情感因素，以此激发学生的责任意识，促其努力学习，为实现目标而奋斗。

1. 全面关心学生，体现“主观能动，结合实施”的原则。

关心，是情感激励的首要因素。教师应当时时处处为学生着想，对于学生的困难尽力帮助，对于学生的忧思热情化解，真切地关心他们、体贴他们，这样必然使学生感受到教师的亲情、人间的温暖，从而激发他们强烈的亲情感。同时，在关心的过程中，应体现“主观能动，结合实施”原则，关心学生学习、生活中的实际问题，尽可能地帮助他们排忧解难，启发引导他们树立正确的人生观、价值观，树立远大理想；在关心、帮助学生的同时，应引导他们看到自身在班集体中的责任，在学习、活动中自觉将自己摆在主人翁的地位，积极、主动地参与思考，独立、主观地克服困难、解决问题。

2. 充分理解学生，体现“拓宽渠道，双向沟通”的原则。

教育心理学表明，理解可以给人以友善，给人以安慰，给人以鼓舞，给人以心理上的平衡。青少年学生生理、心理发展尚未成熟，对理解的需求显得极为强烈。因此，教师为了拓宽教育渠道，掌握心理沟通艺术，取得与学生间的理解，必须做到：

相互信任，在坦诚相见中求理解。要想真正理解学生，必须信任学生，以诚相待，虚心听取学生意见，注意学生的一言一行，用坦诚架设理解的桥梁。

主动接触，在细心观察中求理解。教师处于主导地位，应主动地、努力地创造与学生心理沟通的条件，扩大与学生的接触面，这样既能增强教师与学生相互间的联系，又能使教师在细心观察中了解学生所想，从而由此及彼，由表及里，把握学生的心理活动，增进双方理解。

充分尊重，在平等相待中求理解。教育者和学生相互尊重，地位平等，学生才能有言敢发。因此，教师必须放下架子，平易近人，循循善诱，缩小双方之间的心理差距，创造良好的沟通氛围，求得真诚的理解。

3. 充分尊重学生，体现“因人制宜，有疏有教”的原则。

充分尊重学生既可密切联系师生感情，又可激发学生奋发向上、锐意进取的精神。但是真正的尊重，应当体现“因人制宜，有疏有教”的原则。首先，对学生既不求全责备，也不一味认同。对学生表现出来的错误、问题和不足，不能斤斤计较，但也不能因为要“尊重”学生，就对其缺点放弃批评、无原则迁就，而应实事求是，予以恰当合理的评价，并提出修正意见，督其改正。其次，引导学生实事求是，正确地看待自我，不苛求他人对自己盲目尊重，始终保持谦虚态度，以此来博得人们的尊重。最后，对学生既不压抑思考，又不放任自流。学生敢想敢为、勇于探索是件好事，教师不应滥加压制，堵塞他们的思路，甚至代替他们思考，而应因人而异，予以正确的诱导、教诲，使学生及时修正自己的“蓝图”，纠正自己的行为，努力适应社会的现实要求。

4. 充分信任学生，体现“情理相济，造就提高”的原则。

对学生予以充分的信任，可以使他们保持欢快的、进取的精神状态，树立高度负责的意识。但要注意，对学生的信任不能只停留在表面化的简单器重上，更应关注学生良好品德、意志的磨练，世界观、人生观的形成。因此，教师在充分信任学生的同时，还要做到：一要引导学生不失自信心理，正确评价自我；二要帮助学生树立正确的人生观、价值观，树立正确的理想和信念，从而加强自身思想品德方面的修养，提升自身能力，不断完善自我。

“关心、理解、尊重、信任”是增强师生之间情感的纽带，是联结师生间心灵的桥梁，是构筑良好师生关系的保证。希望所有的教师与学生能永携“关心、理解、尊重、信任”之手，营造和谐的教育环境。

给学生思考的时间和空间

【教师故事】

一天下午，我在办公室里改作业，我班的两个学生跑来告诉我："老师，郑立轩在班里又打人了……"话还没有说完，后面紧跟着的一群人推推拉拉地进了办公室，走在最前面的就是郑立轩。还没等我开口，他就先嚷开了："我没有打人，是他先说我的……"看着他那委屈而又骄横的神情，我没有对他说什么，而是叫其他学生回教室去。我知道，这个时候我给他讲什么他都听不进去，我尽量克制自己，用最心平气和的语气对他说："立轩，老师并没有说你打人，你在这里先坐一下，我出去办点儿事。"

于是，我找了被他打的另一位当事人（郑邦正）了解情况。原来事情是郑邦正引起的，他自己多嘴，用方言骂了郑立轩，结果郑立轩被他激怒了，就一拳挥了过去，两人便打了起来。弄清了事情的原委，我就先从郑邦正入手，跟他分析了事情的经过，让他明白，虽然他挨了打，但事情是自己引起的，首先错的是他，然后我又动员他跟郑立轩道歉。哪知郑邦正跟郑立轩道歉，郑立轩根本就不理睬他。

我努力压制自己心中的怒火，语气平静地问他："你为什么要打人？""谁叫他骂我的，他骂我，我就要揍他！"从他那高分贝的语音中可以看出，他根本就没有对此事进行反思。

"老师并没有批评你，只是想向你了解事情的一些情况。"我的语气很平和也很真诚，“如果你今天不想说，我也不勉强你，但我希望你回去认真思考一下这几个问题：跟老师或长辈说话应该用什么样的语气比较合适？打人对不对？用错误的方式对待别人的错误对不对？我给你一段时间思考，你已经是四年级的学生了，老师相信你能想清楚，想清楚了再来找我，现在你先回去上课。”

一连好几天，他始终没有主动来找我，我也没有去找他，我耐心地等待着。课堂上，我还和平时一样，叫他回答问题，让他感觉到我时刻都在关注他，我并没有因为那件事而对他产生什么偏见。

虽然他还是没有来找我，但他却在他的作业本上回答了我的问题，事实也表明他确实改正了，接下来的日子，同学们抱怨他打人的声音没了。看来，我的教育是有效果的。

【故事启示】

在教育学生的过程中，教师必须要学会宽容学生，宽容学生的错误，宽容学生对教师的无理，宽容学生反复犯错。宽容不是对学生置之不理，更不是包庇纵容。宽容是爱学生的基础，在这个基础上处理事情，顾及到效果，不把事情弄僵，总之，宽容是教师教育学生的一种艺术。

在处理学生之间的矛盾时，教师除了要学会宽容以外，还要学会等待，要把思考的时间留给学生，这就像书法艺术中的“留白”。有很多时候，教师操之过急，留给孩子们改正错误的时间太少，总希望孩子们立刻将错误改过来。为了让他们即刻认识到错误并将错误改正，教师苦口婆心、不遗余力地对学生进行紧逼，丝毫不给他们时间思考，要知道孩子们的每一个进步都不是在一瞬间发生的，因此教师要学会耐心等待。

作为教师，需要时刻保持一颗宽容的、善待孩子的爱心。只有用爱去对待你的学生，你才有意想不到的收获。

盛开的“污渍花”

【教师故事】

午饭时间到了，孩子们迅速排好整齐的队伍准备到食堂就餐。按惯例，孩子们有秩序地走进就餐区坐好以后就可以开始用餐了。“老师，晓薇没有餐盘。”有孩子跑过来跟我报告。生活老师赶紧解释：“这个孩子连着几天生病都没来，我以为她今天也不来了，就没给她打餐。”生活老师是个小姑娘，说这话时她有点儿不好意思。“没事，她们都这么大了，让她自己去窗口打一份。”说着，我给晓薇打了个手势，示意让她自己到窗口打一份餐，并叮嘱她病刚好，不能打太油腻的菜。

平时大大咧咧的晓薇小心翼翼地端着盛满饭菜的餐盘想回到自己的座位上，不知是因为过道太窄了，还是因为路面有点儿滑，孩子有些踉跄，险些跌倒。“啊！”几个孩子几乎同时尖叫起来，“洒在老师身上了！”因为眼睛在关注其他孩子，加上穿了外套，我没感觉有异样。在孩子们的惊呼中，我急忙放下饭勺，低头一看，一大片汤挂满了衣襟，还有几片菜叶肆意嚣张。汤水正顺着上衣流到裤子上，鞋上也污渍斑斑。“怎么这么不小心？”看到浑身污渍我下意识地说，不觉间嗓门有些高。听到我这么一说，晓薇眼圈红红的，没有争辩，端着餐盘，站在原地一动不动，也许在等待我的“处理”。“没事，老师正好衣服脏了，正准备洗呢！”看到孩子如此可怜，我意识到自己吓着她了，马上改换了另一种处理方式。就在这时，几个反应快的小家伙拿来纸、布，七手八脚地为我擦拭起污渍来。这是我始料不及的。顿时，我感觉心里暖暖的。污渍在孩子们的手中无影无踪了，一场“战争”消失在萌芽中，一切依然。

阳光透过窗子照到了餐桌上，映红了孩子们的笑脸，他们一个个吃得津津有味，一切那么和谐、自然。虽然衣服上的污渍斑斑点点，但是，我很庆幸没有在孩子的心灵上印上污渍。尽管晓薇在吃饭间没笑，但我能感觉到她如释重负的轻松。忽然间，我觉得这些污垢就像一朵朵花盛开在我的身上。

【故事启示】

学生们都还是孩子，都有马虎大意、不小心做错事的时候，教师要保持宽容的心，不能随便骂孩子。他们也有自尊心，当他们犯了很小的错误时，教师要用宽容的心谅解他们，但同时也要做好疏导工作，使他们不再犯同样的错误。

教师对待学生要像对待朋友一样真诚、友好，这样，师生的关系才会更加和谐，教师的教育教学工作才能更加顺利地进行。

可爱的笑脸

【教师故事】

我喜欢笑，也喜欢带着笑脸给学生上课，更喜欢看到学生的笑脸，因为我可以从他们的笑脸中感受到快乐。

可是，我们班上有个不爱笑的学生，其实，她有一个很好听的名字——婕茵，从名字上想象她应该是个笑颜如花的女孩，可事实上，她的小脸老是绷得紧紧的，当其他同学捧腹大笑时，她也只是扯扯嘴角。平时她文静、内秀，很少说话，课堂上也很少发言；她的学习成绩处于班级中等水平，品行等其他方面也表现平平，属于班级中的“中等生”。在我刚教她的一年多的时间里，我几乎忘记了她的存在。

直到有一天，一件微不足道的小事改变了我对婕茵的看法，好像也改变了她自己。

那是一次放学后，由于夕会课上强调的事情太多了，所以下课稍微晚了点儿，乘车的学生都急急忙忙地往外挤，我站在讲台上维持着秩序。不知哪位学生不小心把门后面的扫把弄倒了，可大家都只顾着挤，好像没有注意到横在地上的扫把。这时，婕茵挤了过来，告诉大家看着点儿，别被绊倒了，然后把扫把拿了起来。我被这一幕感动了，没想到这么一个平时看起来对班级事情充耳不闻的学生竟把事情考虑得如此周到。我重新审视自己，是否真正地关注过这位不起眼儿的学生。其实每个学生都渴望得到肯定、重视，特别是中等生，他们更需要我们的关注，更需要我们给予点滴的支持和鼓励。第二天一上课我立刻在班上表扬了她，并极力赞美了她关心集体、为他人着想的行为，同学们不约而同地为她鼓掌……那天，我第一次看到了她可爱的笑脸。

从那以后，我上课的时候提醒自己要多留意她，并时不时用鼓励的目光和她交流。在学习上，只要发现她有一点儿进步，比如说她做出了一道较难的题，举手并且大声地回答了一次问题……我就当着全班同学的面表扬她。一次单元测试，有一道难题，全班只有两位同学做对，而其中一位就是她。针对这次测试，我再次表扬了她。原来老师的赞美有如此大的魔力，它就像阳光、空气和水，是学生成长过程中不可缺少的养料；它也像一座桥，联结教师与学生的心灵。

以后的课堂上，她经常举手要求回答问题，我也从没让她失望，经常让她有表现自己的机会，慢慢地，我发现她爱笑爱说了……看着她快乐的笑脸，我也很快乐。

有一次，她拿到试卷看到自己的成绩后对着我开心地笑了，教她四年以来，第一次看到她如此灿烂、可爱的笑容，我不由自主地说："婕茵，你笑起来的时候真的好可爱呀！"她抬起头对我眨了眨眼，马上低下头调皮地做了个鬼脸。多么可爱的学生，我真希望通过努力，让每位学生都能由衷地微笑。这无疑也是每一位教师最愿意看到的。

【故事启示】

在工作中，教师要注重以人为本，面向全体，细心观察，捕捉每个学生身上的每一个闪光点，及时把赞美送给学生，使学生感到"我能行，我会成功"。教师一句激励的话语、一个赞美的眼神、一个鼓励的手势……往往能带来意想不到的收获。教师对学生小小的成功、点滴的优点给予赞美，可以强化其获得成功的情绪体验，满足其成就感，进而激发其学习动力，培养其自信心，促进其良好心理品质的形成和发展，有助于建立和谐的师生关系，营造一种奋发向上的班集体氛围。

中等生是班级的中间力量，发展的潜力很大，关键是看教师有没有信心和耐心，让他们从自卑走向自信。教师应通过尊重、宽容、关注，去温暖学生的心灵，像春风化雨那样捕捉学生身上一个个聪明的小雨点。记住优生，关注他们的成才；记住后进生，关注他们的进步；其实我们应该更加关注中等生，让他们在教师热切的目光中健康茁壮地成长。

你也是花儿

【教师故事】

初接六（3）班，开学初点名。随着一声“罗丝丝同学”，只见一个衣衫不整、蓬头垢面、目光呆滞的女孩子怯怯地站了起来。顿时，教室里传来一些放肆的笑声并夹杂着“傻子、傻子”的讥讽。我知道我遇上了一名特别的学生。课后，我从前任班主任那儿了解到：罗丝丝是一名有智力缺陷的学生，读书六年，连自己的名字都不会写，有时还随地小便，其父母均有同样智力问题，但后来妈妈跑了，只剩下有智障的爸爸和年迈的爷爷。

教育家苏霍姆林斯基曾说：“这些孩子不是畸形儿，他们是人类无限多样化的花园里最脆弱、最娇嫩的鲜花。”我要让罗丝丝同学知道：她也是花儿！我要让全班同学知道：她——罗丝丝和大家一样，同样也是花儿，是比大多数同学更娇嫩的花儿！

开学没多久，在一次晨会上，班上的女同学就“爆炸”了：

“老师，罗丝丝每天不洗澡，也不换衣服。”

“老师，她也不洗脚，整个寝室被她弄得臭烘烘的。”

“老师，要罗丝丝搬出寝室！”

我严厉地用眼神制止了大家的起哄。罗丝丝仍是怯怯地望着大家，没有表情。也许这种伤害对她来说已是司空见惯，再也引不起一丝波澜。我走到她身边，轻轻地摸着她的头，拉起她的手仔细地端详。突然，我向全班同学大声宣布："好漂亮的姑娘！"同学们呆了，罗丝丝的眼睛亮了一下，瞬间又恢复原样。我问："是不是没带换洗衣服？丝丝同学要是换上干净衣服就更漂亮了。"

"嗯。"低低的回答里有着期待。

"老师帮你打电话，要爷爷给你送衣服来，好不好？"

"好。"仍然显得呆滞的脸上却有掩不住的兴奋。

事后，我和全班同学谈心，我对他们说："我们每个人都不能选择我们的出身。假使我们也出生在这样一个家庭，我们也有智力缺陷，我们会是什么样子？"同学们沉静下来，当再望向罗丝丝时，眼神里没有了嘲讽和奚落，有了同情和爱。第二天，我又到女生寝室，把罗丝丝的一头乱发用花皮筋扎好，并将她上下收拾得整整齐齐。当干干净净的罗丝丝来到全班同学面前时，教室里响起一阵掌声，罗丝丝第一次在同学们面前羞红了脸。

女同学受了我的感染，不再排斥罗丝丝，每天邀她一起到浴室洗澡，教她洗衣服。后来，罗丝丝每天都一身利索地来到我身边："老师，我漂亮吗？"我总会笑眯眯地说："漂亮着呢，你本就是我们班里一朵漂亮的花儿呀！"听到这儿，同学们笑了。

一天，我刚进教室，发现教室里闹哄哄的，一女生霍地站起来，义愤填膺地说："老师，赵朋打罗丝丝。"

另一女生说："罗丝丝在玩双杠，赵朋来了，也要玩，罗丝丝不让，赵朋上去就是一拳。"

我走向罗丝丝，罗丝丝伏在桌子上呜呜地哭，我抬起她的头，那一拳正好砸在脸上，脸已乌青了一大块，赵朋使了好大的劲儿。

"赵朋，你给我站起来！"怒不可遏的我又说，"欺负这样一位弱小甚至不能保护自己的同学，在老师眼中，是最可耻的、最让大家鄙视的！"从没见我发过火的同学愣住了，他们望向赵朋的眼中有着愤怒，赵朋羞愧地低下了他的头。接着我缓和了一下语气说："去，向罗丝丝同学诚恳地道歉，我们大家就原谅你。"就这样，我把正义种在全班同学的心中。

转眼，一年的时间过去了，毕业典礼这天，毕业班的同学都要聚餐，十个同学一桌，自由组合。我还担心没有同学愿意与罗丝丝一桌，没想到不少同学都邀请罗丝丝加入他们，这其中还有不少男同学。望着其乐融融的孩子们，我发现罗丝丝笑得真像一朵花儿！

【故事启示】

每一名学生都是一朵花儿，无论他长得美与丑、家境优与劣、聪明与愚笨，我们都应该用爱为他们的成长提供一个充满阳光、空气和水分的环境，让他们迎风展姿，百花争艳。

罗丝丝是一个有智力缺陷的孩子，但作为受教育者，她和其他学生一样，有同等的接受教育的权利。故事中的教师让罗丝丝明白，她的生活并不是只有冷眼和嘲讽，她不是卑微的小草，不可以任人自由践踏！她也是一朵动人的花儿，也可以有尊严地成长，被人捧在手心美丽地绽放！同时，更让同学们懂得了宽容和关爱他人，让他们明白：天空正是收容每一片云彩，不论其美丑，故而广阔无比；高山正是收容每一块石头，不论其大小，故而雄伟壮观；大海正是收容每一朵浪花，不论其清浊，故而浩瀚无比。当同学们能真心接纳、同情、关爱罗丝丝时，就证明他们已经长大，已经能抓住生活中最动人的本质——爱。将来，他们一定会幸福地生活，因为生活中有了爱，就会有幸福！

激发心灵的愿望

【教师故事】

我刚刚接手管理605班时，好心的科任老师就告诉我："你先得提防着王嘉，乐新……"好家伙，这么多的厉害角色啊！从第一天开始，我就格外注意这些"黑名单"上的学生。这期间，王嘉表现得格外"抢眼"。他上课总是小动作不断，影响别人学习；下课追逐打闹，喜欢动手动脚；不做作业，即使做了，也做不完整，书写相当潦草……每次科任老师都向我告状。于是，我找他谈话，希望他能以学习为重，按时完成作业，知错就改，争取进步，争取做一个同学喜欢、父母喜欢、老师喜欢的好孩子。他一副爱理不理的样子，把我的话当耳边风。可是身为班主任，我不能因一点儿困难就退缩，不能因一个后进生无法转化而影响整个班集体，必须面对现实！他无进步，或许是他并没有真正认识自己的错误，没有真正要做个他人喜欢的人的念头。

我决定先让他从做个受人喜欢的人开始。于是我再次找他谈话，谈话中，我了解到他其实十分自卑。"因为我常违反纪律，没有按时完成作业，书写也不工整……"王嘉的声音越来越小。

"你已经认识了自己的错误，说明你是一个勇于认错的好孩子，但是，这还不够，你觉得应该怎样做才好？"

他一声不吭地站着，头低着。

"想改正错误吗？想做一个受他人欢迎的孩子吗？你要怎样做才好呢？"

“我今后一定要遵守纪律，和同学团结友爱，认真完成作业……”

“那你可要说到做到哟！”

“好！”

后来，王嘉无论是在纪律上，还是在学习上，都有了明显的进步。当他有一点儿进步时，我就及时给予表扬、激励，使他处处感到老师在关心他。他也逐渐明白了做人的道理，明确了学习的目的，端正了学习态度。

为了提高他的学习成绩，除了在思想上教育他、感化他，我特意安排了一个责任心强、学习成绩好、乐于助人、耐心细致的同学——陈婷婷跟他坐，目的是发挥同桌的力量。我让陈婷婷当他课下的小老师，并充分利用课余时间或课堂时间帮助他。在同学们的帮助和他自己的努力下，他各方面都取得了不小的进步。渐渐地，他学习上更努力了，更遵守学习纪律了，甚至自己当起了值日生，劳动也更积极了，成绩也有了很大的进步。

后来，有一次我找他谈话时，他说：“老师，我现在是不是比较受欢迎了？”我笑着说：“是啊！你长大了，懂事了，进步了。我真替你高兴。”

【故事启示】

后进生对学习缺乏兴趣，学习态度和学习习惯也较差。两千多年前，孔子就提出：知之者不如好之者。学生只有对学习产生浓厚的兴趣，才会有学习的积极性。后进生与其他同龄人一样，有自己的人格，他们渴望尊重。要求尊重是一种对自我的积极肯定，是一种积极的心理品质，但由于他们在思想上、学习上表现较差，往往得不到同学、教师的尊重，这种矛盾使他们的内心产生一种深深的痛苦，当他们得不到尊重时，他们就走向另一面，产生自暴自弃的心理，从而破罐子破摔。

作为教师，我们不能讽刺、挖苦、伤害后进生的自尊心，不能刺痛他们的心灵，要知道身体的创伤能医治，而心灵的创伤则难以愈合。我们应该尊重他们的人格，帮助他们树立自信心。

1. 把赞美送给学生。

哲学家詹姆士精辟地指出："人类本质中最殷切的要求是渴望被肯定。"热情、向上的学生更是如此。教师的赞美是一座桥，能沟通教师与学生的心灵之河；教师的赞美是阳光、空气和水，是学生成长不可缺少的养料；教师的赞美是一种无形的催化剂，能增强学生的自尊、自信、自强。教师的赞美越多，学生就越显得活泼可爱，学习的劲头就越足。教师如何用好赞美，让学生在你的赞美声中健康成长却是一门深奥的学问。

作为教师都有这样一种感觉，班上总有几个学生不勤奋上进，上课不注意听讲，小动作挺多，经常受到教师的批评，对班级活动不踊跃参加，学习成绩总在及格线上晃荡，对学习失去了兴趣，进而产生破罐破摔的想法，从而更加放纵自己。其实这样的学生更愿意听到老师的赞美，而且也会格外珍惜老师和赞美。

2. 把关爱送给学生。

苏霍姆林斯基说过："你是孩子的老师，请记住，每一位孩子都是带着想好好学习的愿望来上学的。这种愿望像一颗耀眼的火星照亮了孩子们所关心、操心的情感世界。他的无比信任的心情把这颗火星转交了我们——作教师的人，这颗火星很容易被尖刻的、粗暴的、冷淡的、不信任的态度所熄灭。要是我们，作教师的人，在心里也像儿童对待我们那样，把无限的信任也同样给予他们，就好了。那将是一种高于人性的，相互尊重的，美妙的和谐。"所以，做好教育的关键在于对学生的关心鼓励、宽容大度，在于师生间的情感交融，这就是爱的力量。

在与学生交往的过程中，让学生时刻感受到教师对自己体贴入微、关怀备至是必要的，在学生的成长过程中，教师适当的指点会让迷途中的学生感受到亲人一样的爱。

同感、真诚、尊重的师生关系

【教师故事】

一次，我从一位女生的课桌旁走过，看到她课桌上的一张纸上写着让我触目惊心的几个字："我恨所有的老师！"

该女生是高二分班后进入我们班级的，一开始我并不了解她。后来在为校运动会开幕式的准备工作中，她给我留下深刻印象。因要参加开幕式的广播操比赛，各班都选出部分学生进行事先练习，她被选在其中，但她不想练习，问其原因，她说："我们班这种水平，练也是白练；再怎么练，也是最差的。"我当时听了很生气，但忍着没发作，仅告诉她："你不要参加了。"后来我们班在广播操比赛中获得了优胜奖，借这个机会，我在班里表扬了同学们团结合作的精神，同时也不点名地批评了她。本来我认为这种批评是很正常的，想促使大家做任何事情都要有信心，不要首先在心理上打败自己。况且是不点名的批评，按理应该不会伤害她。谁知事后她却很生气，在后来的学生评教表中，她给我打了个"D"，原因一栏上写着：老师太虚伪，太爱面子。从这件事上，我知道她是一位很自我、不容易接近、难沟通的女孩。我也曾自我反思过：是不是我的批评真的伤害了她？是不是我没有设身处地想想她的感受？是不是我没有尊重她的想法？

面对这样一位思想自我、不易接近、对老师有严重成见的女生，该如何与她沟通，从她的内心深处消除这种芥蒂呢？我想绝不是因为我批评了她，导致她有这种想法。可能在小学、初中时她就已经对老师有很深的成见。心理病还得从心医起，我决定改变对她的教育方式。

首先，我通过与其家长及周围的同学谈话，了解其心理问题的根源。她爸爸跟我讲，她成绩从小学到初中一直都是一般，她从来不违反学校的校纪校规，在家不爱多讲话。每天晚上饭后，她就把自己锁在房间里，他和她妈妈想进去看看她是否在学习，她却不让进。他和她妈妈也从不打骂她，随她自然发展。显然，家庭的这种氛围养成了她自我的思想，父母对她学习不够关心，造成她学习成绩一般，虽然不违反校纪校规，但学习成绩不好，不会得到老师宠爱，甚至可能受到老师的批评，而在家里从没被父母打骂过，这必然导致她对批评她的老师恨之入骨。于是，我对她爸爸讲："你和她妈妈要多与她谈谈心，了解她在学校的情况，成绩不好，要多鼓励、指导她。发现她有什么心事，要及时开导她，不对的地方要给予指出。譬如，在学校她受到老师的批评，你们要去了解她的感受。老师批评得对，要给她耐心地剖析，体现父母的真爱。千万不要太迁就她，任随其自然发展。"

其次，我要想办法消除她对我的敌意，与她建立同感、真诚、尊重的师生关系。当我对她说到她写的那句话时，她首先向我申明："老师，不要怀疑我心理有什么问题，我很正常。"这一下子拦住了我的话头，当我问她是不是对老师有很大的误解时，她沉默了。我知道再与她交流也是徒劳，显然，她在心里已经很恨老师了。于是我很平静地对她说了一句："不管怎样，我相信你心地是善良的！你回教室吧。"她走时，抬头看了我一眼，流露了一点儿笑容。我想她是接纳了我这句话，她的表情证实了这一点。我相信只要真诚待她，会拉近与她的距离。于是我决定等待恰当的时机，千万不可盲目、不真诚地与她交流。一次她英语作业做得很好，利用课间，我走到她身边对她说："你这次作业有突破，做得很好。"她急忙解释说是她表姐辅导她完成这次作业的。我接着说："那你表姐英语成绩一定很好。"她听了很高兴，脸上露出很自然的笑容说道："我表姐英语很好，已经过了八级。"看她的样子她很崇拜她表姐，于是我趁机很自然地鼓励她应多向她表姐学习，多与她表姐沟通了解学英语的方法，提高自己的英语成绩。她很开心地点了一下头，接受了我的建议。但我知道她这次高兴并不是因为我表扬了她，而是因为我与她有“同感”，表扬了她的表姐，想她之所想；如果我在课堂上当着同学们的面去表扬她，她心里不一定会高兴，可能会说我假真诚，故意讽刺她。有一次，我正与她的同桌（班里的宣传委员）商量，找一个黑板字写得好的同学去抄写墙报，她恰好也在旁边，并向我们推荐了一位同学，我们欣然同意了。她显得很开心，因为她觉得受到了老师的重视和尊重，就这样渐渐地她消除了对我的敌意。

再次，我安排一些品行较好、心理健康的同学坐在她的周围，让好的环境去逐渐影响她，让她感受别人对她的真诚和尊重，淡化她恨老师的想法。

现在她已变得能很自然地找我交流，看老师的眼神也有了光彩，有时候还会主动问我一些英语问题。

【故事启示】

教师与学生建立同感、真诚、尊重的师生关系，很有必要。与学生建立同感、真诚、尊重的良好关系，并通过心理方法与学生进行互动，将大大提高教师的工作成效。

这位女生思想自我，不易接近，对老师有严重成见，主要是由她家庭的教育氛围所引起，其父母实际上并没有真正关心她的学习，没有在生活的各方面去引导、开导她如何做人；她讨厌虚伪，说明她渴望真诚，所以作为教师一定要真诚待她，同时要通过她的眼神去看事物，体察她的思想与感受，了解她观察自己与周围世界的方式，从而走进她的内心，更好地与她交流、沟通。

当然教师还需要尊重她，尊重她的人格、价值、自我选择的权利，既要接纳她的长处，也要接纳她的短处，并且相信她是一个有价值、能发展的人。人本主义认为人的本性是积极向上的，具有生长与进取的潜力，教育的目的在于开发人的潜能，促进人的健全发展和自我完善。学生都是有思想、不断发展的个体，没有谁是一块天生的顽石，在他们的内心深处，都有一块最柔软的地方，只要教师们工作做到家、做到位，定能触摸到那块地方，要知道那儿就是学生心灵的门户，打开它，你就能看到学生真诚的心。天道酬勤，相信只要教师们努力，一定会成功的。

与学生做朋友

【教师故事】

记得第一次带班时，我发现孩子们在我面前总是显得很拘束，眼里总是闪现出一些害怕的神情。从他们的眼神中，我可以看出，他们对我是敬畏多于喜爱，也许是因为我是男老师吧。

为了缩短与孩子们的距离，下课后，我主动与孩子们一起做游戏。在游戏中，我把自己当成他们中的一员，使自己成为他们的亲密伙伴，一个真正的朋友。我与孩子们一起下棋、打乒乓球，甚至还和他们一起玩溜溜球，和他们一起做幸运星。我把自己知道的东西告诉孩子们，孩子们也发现我知道的东西很多，总是向我问这问那。他们还说我下棋、打乒乓球、踢足球都很棒，学做幸运星、学溜溜球很快，他们认为我很聪明。从他们的言行中，我发现孩子们接受我了，已经把我当成了他们的朋友，有时，他们对我有些崇拜。在一种轻松、和谐、自然的状态下，师生间的鸿沟不见了，灿烂的笑容洋溢在我们每个人的脸上。我发现再顽皮的孩子对我的要求也是“言听计从”。

有一天，班里几个学生来到我面前，对我说：“潘老师，我们想到您家去玩，您看行吗？”望着孩子们一双双期盼的眼睛，我高兴得跳了起来。不过，作为交换条件，我要求他们在期末考试时要取得好成绩。孩子们想也不想，就爽快地答应了。事后，孩子们个个学习很努力，而且非常自觉、主动。果然，他们期末考试的成绩都很棒。于是，在暑假的一天，我邀请了这些小客人来到我家。这些孩子一进我家，就东瞧瞧，西望望；摸摸这，碰碰那。我发现他们对我的书橱和电脑很感兴趣，于是，我就打开电脑，和孩子们一起玩游戏，还教他们如何上网，带他们到网上去兜了一圈。孩子们看到网上精彩的世界，高兴得手舞足蹈。

从那以后，孩子们就成了我家的常客。每到双休日，或只要我在家，他们就会打来电话，与我约好时间，三五成群地来我家玩。在我家，他们经常会召开一些小干部会议和班级情况座谈会。在与孩子们亲切、自然的交谈中，我了解到了孩子们之间的许多小秘密，这样就可以使我及时地调整工作计划，设计、组织一些孩子们喜欢的活动。在与孩子们的交谈中，他们给了我许多好的建议，使我产生了许多有意思的设想，激发了我许多灵感。我觉得与孩子们在一起是一件非常快乐的事情，从他们身上我学到了很多东西。

【故事启示】

教育的力量是在于学生对教育者的认同，只有当教育者被学生认同时，教育的效果才是实在的。苏霍姆林斯基说过："教育是人与人心灵上最微妙的相互接触。"教师只要让自己成为孩子们的朋友，与孩子们平等地相处，依靠自己的人格魅力来感染学生，就一定会体验到成功的喜悦和工作的快乐。

故事中的潘老师总是寻找时间、寻找机会接近学生，关心他们，不断地拉近与学生的距离。他用爱与他们接近，成为他们值得信赖的朋友。"爱是理解的别名"，只有爱学生，才能教育好学生，才能与学生做知心朋友。对于学生来说，教师的爱是一种神奇而又伟大的力量，是除了父爱、母爱之外，世界上又一伟大的爱、这种爱是真诚的爱、无私的爱。但是，师爱不同于父爱、母爱，因为师爱是一种理智与心灵的交融，是沟通师生心灵的桥梁。师爱可以引导学生产生巨大的内动力，去自觉地、主动地沿着教师指出的方向迈进。只有当教师给学生以真挚的爱，给学生以亲近感、信任感、期望感时，学生才会对教师产生依恋、仰慕的心理，才能向教师敞开内心世界，教师才能"对症下药"，收到预期的效果。因此，教师必须用自己的爱心去感化学生，做到动之以情、晓之以理、寓理于情、情理结合，才会产生动情效应，从而收到事半功倍的教育效果。

卢梭在《爱弥尔》中说："教育必须从了解人心着手。只有了解人才能教育人，这是真理，是实践的总结。"教师关心、理解学生，成为学生的知心朋友是做好各项工作的前提和条件。教师要真诚、平等、友好地对待每一个学生，与学生互换角色、将心比心，设身处地为他们着想，与学生推心置腹、朋友般地促膝交谈。特别是对待后进生，在进行心灵的交流时，教师要尊重学生，取得他们的信任而让他们主动地把心里的疑难问题讲出来。教师还要容忍学生的错误，"人无完人"，学生说错话、做错事时，要及时分析错误原因，给学生认识错误、改正错误的机会。同时，在学生受挫时，给学生以真诚的帮助，这样，学生自然会把教师当作知心朋友。

教育·生活

真正的教育能手，对学生也是有督促、有强制、有逼迫的，但是他在做到这一切的时候，永远不会去扑灭儿童心中那一点宝贵的火花——要成为一个好人的愿望。

——苏霍姆林斯基

再多一点儿耐心

【教师故事】

本学期段考前的一个周五晚上6点40，本班学生徐小宏请假，原因是生病，我觉得奇怪，白天还好好的，晚上就病了，而且该生本学期已不止一次在周五请假了，其中一定有什么问题。该生有上网爱好，该不会是上网去了吧？打电话到他家里，家长说他已经去学校了。于是我把情况跟家长说了，并把自己的怀疑说出来。一个小时之后，家长把该生带到了办公室，原来是从网吧“抓”回来的。经教育，该生承认，前几次请假大多是去上网了。

我耐心地询问他上网的原因，他说是考试心理紧张，想去放松一下。我知道这可能是真的理由，可能还有迷恋网上游戏的因素，总之利用学习时间到网吧上网是不对的，我严肃地批评了他，并指出他违纪的严重性，让他写检查，保证以后不再犯类似的错误。考虑到该生是团支书，平时工作积极，其他方面表现不错，所以没有上报学校，并明确地对他说，给他一个改过的机会，如有再犯，则报学校处理。结果该生一学期没有再犯类似的错误，段考成绩也不错。

【故事启示】

造成学生上网的原因很多，归结起来有以下几个：

1. 教育的真空给了学生迷恋网吧的机会。

这主要指学生放假、周末，以及其他非学习时间，这一段时间成了教育的真空带。如果家校联系密切，则可避免学生利用教育真空沉迷网吧。

2. 猎奇心态和追求个性张扬的心理是学生迷恋网吧的内因。

处于青春期的中学生，喜欢猎奇，渴望了解书本以外的知识，渴望了解校园以外的多彩世界，更渴望能够有朋友倾诉心中的烦恼，互联网无疑满足了他们的需要。一些学生上网找网友聊天，主要是想释放在学校的压力，填补在学校教育中不能张扬个性的空白。学校或班级如果能够创造更多的机会让学生展示自己的个性，满足他们在这个成长阶段特有的表现欲强的心理，则可减轻学生对网上世界的迷恋。

3. 传统教育方式的滞后性所带来的负面效应。

首先，学校变成了真正的围城。在各个领域日益开放的今天，我们的学校变得越来越封闭。其次，教师成了"帮凶"。在这些诸多因素的管制下，孕育着更大的叛逆。网络给他们提供了自由空间，网络自然成了他们畅游的世界。

4. 缺乏正确的上网引导，致使学生没有真正认识互联网的作用，把上网当作休闲娱乐的工具。

由于学校在教学中利用网络教学方面做得少，学生不能认识到学习的方法、资料以及其他很多知识都可以在网上查到，所以形成了一种误区，许多学生把上网当作违纪行为，当作很神秘很过瘾的行为。

面对违纪上网的学生，如何做好思想工作，这是每一个教师都思考过的问题。有的如暴风骤雨，一阵狠批，然后上报学校，给学生违纪处分；有的耐心教育，苦口婆心，动之以情，晓之以理；有的软硬兼施，用尽心机。其实，无论哪种方式，都不是万能的，因为学生的情况是千差万别的，但很重要的一点是真正从学生的角度去考虑问题，解决关键问题，让学生感觉到你是真正想帮助他改正他自己也认为是错误的做法。

眼见未必是实

【教师故事】

一次上课铃响了，我又开始了例行的“监督”工作，同学们都很快地跑回教室。过了一会儿，上课的老师也进了教室，第二遍铃响过后，我的目光刚要移开，突然看见我班颇为顽皮的男同学周浓跑进教室。我当时就想：“这小子肯定是课间跑操场上玩去了，才会上课迟到。这是我亲眼所见，准没错。”一下课，我就走进教室，把他叫到讲台前，严厉地批评他上课迟到。平日里大大咧咧的他这下可急了，我分明看见眼泪在他眼眶里转。“您冤枉人，我根本没玩。上节课下课后同学们围着李老师问问题，然后李老师又叫我帮她把作业本抱办公室去，这才晚的！”我的脑中“轰”的一下，是呀，我怎么忘了，为了调动他的学习积极性，我和李老师商量好让他当数学课代表的呀！我知道错怪了他，连忙道歉。他却气呼呼地走了，以后的几天都不怎么理我。都说“眼见为实”，可我亲眼所见，还是错怪了同学，这是深刻的教训。

【故事启示】

作为教师，我们一定要树立正确的学生观，学生都是可教育、可塑造的。我们不能用一成不变的老眼光看学生，而应该用发展的眼光看待学生，要注意到学生取得的每一点儿进步。学生犯了错误，只要改正了，就应该原谅，而不应总挂在嘴边。批评更应就事论事，今天就说今天的事，把以前的、其他的都抖落出来说几句，学生心里会想："我就算改好了，老师也不会忘记我以前犯的错，也不会相信我。"这样很不利于学生改正错误。有时教师由于急躁或一时不冷静会说出一些过火的话，如："你真是咱们班的害群之马，我怎么会遇上你这样的学生！""咱们班有了你算是完了，你就是一个小流氓痞子！""你真是无药可救了，还是回家自学去吧！""你永远也学不好，你要能及格，太阳就从西边出来了！"这些定性的话、消极的断言，严重伤害了学生的自尊心，使他们失去了努力改正缺点的勇气和信心，严重挫伤了学生的积极性。有时，教师一句伤害学生的话，就可能使学生不能轻易原谅教师，产生与教师对立的情绪，这样教育工作就更难进行了。

一块蛮石终于化解了

【教师故事】

我班的吴晨性格怪僻，他不太合群，很少开口，喜欢独来独往。他在班里唯一的“亮点”就是认真听语文课和数学课。他的脾气倔强，要是发起脾气来九头牛也拉不回来，而且他遇事容易莽撞冲动，谁要是惹上他，准没好果子吃。

有一次，他的同桌因一点儿小事和他争起来，他二话没说，握着拳头一扬手，这位同学的眼睛一下子红肿起来，一个星期以后才慢慢地消退。因此班上好多同学都怕吴晨，不敢惹他。

我接班的第一个星期就有同学告吴晨的状，说他在教室光线不好时不让同学开灯，外面风大时不让同学关窗，自己不高兴时就用铅笔戳同学的手和衣服，甚至有时还折断同学的笔、扔掉同学的书本等。我问他为什么要这么做，他不理不睬，脸上无任何表情，慢条斯理地朝自己的座位走去，在全班同学面前给了我一个下马威。第二次我在上班的路上遇到他，我主动和他打招呼，没想到他竟连看都没看我一眼就走开了，把我晾在一边好尴尬。第三次，有一天放学，我看到他一个人还在教室等家长，我想和他谈谈心，没想到他不冷不热地看了我一眼，硬邦邦地扔出一句：“没什么好谈的，老师都是大坏蛋、骗人精。”

一个星期四下午的班会课，我对班上同学的座位进行了大调整。开学初，我就想调他的座位，想把他调到前后左右远离同学的第一组的最后一个座位，但是固执的他就是不动，当时我考虑到如果一开始就把和学生的关系搞僵了，怕对以后不利，于是我网开一面退了一步。但此事一直压在我的心里。只要我一进教室，看到他坐在那个位置上，我就心里不安，因为他的做法经常会伤害到旁边的同学。这次我是铁了心要换他的座位。我叫他把桌子搬到第一组最后一桌，他根本不理睬，于是我索性亲自走过去搬他的桌子。这个时候班上的气氛开始紧张起来，他使出吃奶的力气按住桌子不让我搬，两个人在教室里僵持了好一会儿，我怒视着他，他仇视着我，大有一场恶战的架势，学生们有的饶有兴趣地看着，有的在下面窃喜，有的甚至离开座位看热闹，不时地还冒出一两句风凉话，班上开始骚动起来。

我明白继续和他在教室里僵持下去是没有结果的。于是我走上讲台，平静一会儿后，十分严肃地对着全班同学说："承认我是你们班主任的同学请举手。"大家有些摸不着头脑，也不知道我葫芦里卖的是什么药，被我这样一问，面面相觑了好一会儿，才齐刷刷地举起了手，只有他一个人脸憋得通红，耷拉着脑袋站在那里不动。我说："谢谢大家，请大家把手放下。"然后我又说："既然大家承认我是你们的班主任，那么现在他不配合我的工作，我该怎么办？"学生们有的说把他送到校长办公室去，有的说干脆开除他算了，有的说现在就把他赶出去……我说："他在教室里读书是他的权利，我不会赶他，也不会开除他，但是他作为这个班的一名学生不履行应尽的义务，不服从老师的安排，那么以后他就没有权利享受老师对他的关心和帮助了。"我接着说："他不服我管，我管不了他，我就不管他好了，以后他无论出了什么事都与我无关。"然后我悻悻地离开了教室。接下来的几天，我表面上对他不闻不问，却在暗地里注意着他的一举一动。本来在班上不太受欢迎的他就没有多好的人缘，经我这么一折腾，班上的同学也开始有意疏远他，此时显得他更加孤单了。第一天他没有反应，第二天他也没有动静，第三天他还很沉得住气，直到第六天他终于坚持不住了，主动找到我要调座位。我当然高兴，和他进行了第一次坦诚交谈。我们谈了很多，我们之间的坚冰终于打破了。他说了自己的真实想法，他说低年级的时候由于性格不合群，还常与同学吵架，同学们都瞧不起他，到了高年级，虽然班主任换了，但同学们还仍然瞧不起他，他干脆也瞧不起同学了，于是，他和同学们对着干起来。今天，他真正感到自己错了，从今以后，他要改正缺点错误，让同学们看看，他也能做一名好学生。听了吴晨的一番话，我十分感动，我想吴晨理应受到公平的待遇。

一块蛮石终于化解了。在往后的日子里，他逐步改掉了以前的坏习惯，同学们都说吴晨比以前友爱同学了，各方面都比以前进步了。我也特别关心照顾他，得知他家经济困难，我送他一套校服、一双校鞋，他脚受伤在家休息一个多月，我买了水果、酸奶和一些他爱吃的零食去看过他三次，让他很感动。现在的他虽然不是班级里表现最好的一个，但也不再是过去称王称霸的吴晨了，他与同学的距离越来越近了。

【故事启示】

苏霍姆林斯基说："教育首先是小心翼翼、无微不至、关怀备至地触及年轻的心灵。"学生的性格各有不同，面对在不同生活环境中形成的性格，教师要民主、公平地对待，决不可偏废，尤其是那些性格怪异的问题学生，他们同样拥有一颗真诚、纯洁的心灵，也有被尊重、被赏识的愿望，教师更应向他们注入真心的爱，给予更多的关注。以情动人、以理育人，要善于发现他们的闪光点，并及时给予表扬和鼓励，让他们感受到来自教师的信任和温柔，使他们有成就感和自豪感，从而树立起自信心和克服困难的勇气。同时教师还要给学生以希望，让他们感到"我能行"，切莫采用生硬、粗暴、简单、僵化的做法，把自己理应做好的教育工作的对象拒之于门外。教师应用时间、耐心、爱心，让那些感受不到集体温暖的学生，重新回到集体的怀抱，树立他们对生活的勇气和决心，让他们更健康、更轻松地成长。

“捣蛋王”变好了

【教师故事】

小铭一直是同学眼中的“搞事者”，科任教师眼中的“捣蛋王”，很多老师和同学已“判”了他“就只能这样了”，作为班主任的我对他批评了多次，都不起作用。直到一天课间操过后，我和同学们像往常一样回到教室，但那次跨进教室时却产生一种异样的感觉，仔细一看，原来是经过半个上午折腾的教室已经被整理得干干净净了。

我和同学们都心知肚明这一杰作是“捣蛋王”小铭干的。因为今天他的脚受伤了，没有做课间操，请假在教室里休息。我的脑中忽然产生了一个想法：“这不正是转化他的一个契机吗？”于是我转向全班同学说：“同学们，大家有没有发现我们教室里有什么变化呀？”只听同学们异口同声地回答：“太干净了！”我顺势表扬了小铭：“小铭同学平时爱捣蛋，今天能利用这么短的时间，而且是带伤做了一件同学们都受益的好事，给我们创造了良好的学习环境，希望同学们能以小铭为榜样。感谢小铭为我们所做的一切。”

我这一肯定和评价，引起了全班同学的兴趣，大家都纷纷议论起来。我扫视全班后，又把目光转向小铭，他羞得低下了头，于是我又说：“我代表全班同学感谢小铭同学为我们带来这样优良的环境，让我们在这里度过美好、温馨的一天。”听到这话，全班同学都不约而同地为他鼓掌，此时他也是泪光盈盈。

由于我短短的几句话点燃了他心中自尊和自信的火花，这以后，小铭每天都将自己的周围以及班级的公共地方收拾得干干净净，而且再也没有关于他调皮捣蛋的事传到我耳边。我担心他老病复发，一个星期后，我又找他谈话："小铭，这几天你进步很快，老师为你高兴，能不能和老师说说你最近的想法？"他略停一下，便说："老师，收拾教室，我根本没想到会让老师这样称赞，但您大力表扬我，我感到我对不住老师，没为老师争气。所以我决定以后一定要懂事听话，让老师放心。"

【故事启示】

由这一故事可以得出以下启示：

1. 要尊重学生的人格。

在教师心中不能有好学生、坏学生的观念，要以平等的心态和学生交往。尤其是小学生，他们身体、心理正在成长期，可塑性强，教师的一句话也许会影响们们的一生。苏霍姆林斯基说过："让每一个学生都抬起头来。"因此教育者要尊重学生，不伤害学生的自尊心，不挖苦、贬低学生，激励他们自信、自强。教师之所以批评了小铭多次都不起作用，是因为教师是在全班同学面前批评小铭，没有从小铭的心理出发，没有蹲下来用学生的眼光看问题，挫伤了小铭的自尊心。而小铭后来之所以转变，也是因为老师在一次偶然的"清扫"事件中表扬了他，激励了他的自尊和自信。

2. 要用真爱对学生。

爱是人的一种需要，当这种需要得不到满足时的内心就会悲观、失望。爱是教育的阳光，教师应把爱的阳光洒向每一个学生，爱全体学生。俄罗斯有句名言："漂亮的孩子人人喜爱，而爱难看的孩子才是真正的爱。"教师把爱给学生，学生就会更尊重、信任教师，而且会将这种情感迁移到教育活动中，从而"亲其师而信其道"，无形中形成一种接受教育的热情和动力。小铭得到教师表扬后，每天都能坚持整理教室，就说明了这一点。

3. 要运用机智，抓住契机。

教师面对的是一个个充满个性的学生，教师的职责就是要帮助他们树立正确的人生观，把他们培养成具有良好道德观念的人。这里的方法是灵活的，没有一个固定的模式。教育的契机往往潜藏在生活的每一瞬间，教师正确地抓住这一契机，就会收到意想不到的效果。因此教师要善于用自己的机智、用自己的心去发现，去捕捉每一个教育的契机。

不经意的“健忘”

【教师故事】

我刚到实验学校接手六（3）班的时候，向原班主任和生活老师了解班级的情况，生活老师邹老师悄悄地并郑重其事地对我说：“小恩这个学生脾气大，你可得注意点儿。”我一贯主张接手一个新班级，一切从零开始，所以也没太在意她的“忠告”。

从外表看小恩是一个性格沉静、做事稳重的男孩，不像其他小毛孩整天嘻嘻哈哈的。我对他的第一印象很好，所以第一天我就决定让他做我们班级第四小组的组长，并做老师的小助手，负责批改学生的《每课一练》计算题。

宣布不久，晚上学生下自习课了，我们班的班长提醒我说：“老师，小恩在学校经常打架，成绩很差，在三年级还和几位老师对骂过呢！”我一愣，才又想起邹老师的话，心里真有点儿后悔和不安，心想我怎么让这样一个学生做老师的助手呢？其他同学会怎么想呢——哟，新来的班主任怎么这样不会管理呢？再说小恩会不会感觉我在纵容他以前的过错呢？这样会不会助长他的坏脾气呢？已经这样决定了，也不能轻易改变了，只有等观察几天，抓住他的把柄再说。

第二天上数学课前，我出了3道数学计算题让同学们做，小恩第一个做好了，并且全对。他按照我班的规定——小助手做得全对可以批改其他同学的作业——睁大眼睛非常认真地在观察，看哪位同学作业做好了。一有完成作业的同学，他立即以最快的速度走过去帮助那位同学批改作业。他看起来是多么认真呀!

我被他这股认真劲感动了，同时又有一丝愧疚，我不该有不安和后悔，但愿他永远也不知道我当时的心理。是啊，正如戴尔·卡耐基所说："如果有人使他们感到自身的重要，那么许多人的生活都可以改变。"后来的事实也证明，我当初一个不谨慎的"冲动"是完全正确的，我的这位小助手工作干得很出色，已经连续三个学期担任老师的小助手了，更意外的是他一下子变得非常上进，坏脾气没有了，行为习惯变好了，同学关系也变好了，就连学习成绩也是芝麻开花——节节高，看来我真得感谢那次不经意的"健忘"。

看到小恩的变化，我既感到欣慰，又有一丝自责，更平添了一份思考：也许人们真应该常常用"健忘"来清除头脑中的"污垢"，腾出空间，以博大的胸怀去接纳那无数新鲜的事物和新鲜的人。

【故事启示】

从某种意义上说，教育是一种审美。教育的审美对象是鲜活的生命，是学生五彩斑斓的心灵。人的心灵是微妙、精致的，教育者要用审美的眼光去"读"学生的心灵，挖掘出他们身上潜在的优点，以他们的优点去促进他们更优秀。有时绝无恶意的误解或轻描淡写的指责，也有可能推翻学生心灵中的全部美好。正如苏霍姆林斯基所言，教师要像对待荷叶上的露珠一样，小心翼翼地保护学生的心灵。晶莹透亮的露珠是美丽可爱的，却又是十分脆弱的，一不小心露珠滚落，就会破碎，不复存在。

转化，从了解开始

【教师故事】

我班的张癸炯同学活泼好动，开学初纪律性很差，而且我每次批评他，他的抵触情绪都很大。有一次晨跑，他边跑边玩，我便叫他停下来，严厉地批评了他，结果，他便站立在操场那边怎么都不走，劝说也没用，最后我只好强行把他拉回教室。从这件事后，我便知道这个学生脾气特别犟，属于吃软不吃硬的那种，而且家访时，他妈妈跟我介绍他在家也是牛脾气。此后，每次他违反纪律，我就用眼神、手势或很轻的语气指出他的错误，发现他马上就改正了。渐渐地，他的行为习惯发生了很大的转变，学习也认真了，我便经常鼓励、表扬他。一次偶然的机会，我要挑选一名班级卫生小检查员，看他踊跃举手，便把任务交给了他。刚开始，我每天都悄悄地观察他，发现他做起事来特别认真负责，而且有管理能力，我便在同学面前肯定他，现在，有他这个检查员，我都不用担心班级的卫生不合格了。所以，要转化一个学生，必须要了解这个学生的性格特点，对症下药，不能靠强制措施。

【故事启示】

了解学生，是搞好德育工作的重要条件和前提，只有充分地了解学生，才能更好地教育学生。如何才能全面准确地了解学生呢？可以采用以下四种方法：

1. 统计记载法。

这是了解学生最常用的基本方法之一。其中包括学业成绩统计，也包括其他各方面的统计，如参加劳动等为集体服务情况，迟到早退次数，等等。成绩统计必要时应该较为详尽，有时甚至要详尽到某科某题，使之真正为教师的查漏补缺提供依据，而不是为成绩排队需要。通过记载统计，力求反映学生的思想素质和知识水平的全貌，以便我们的教育有的放矢，扬长避短。我们要重视学生成绩，特别是要从成绩中看到我们本身工作的收获与不足，找准改进工作的突破口。但切忌一切以成绩为准绳，以偏概全。资料记载要尽可能具体、实事求是，避免主观地只看现象，不知本质。

2. 调查评价法。

对于一名学生的掌握了解，应广泛听取各方面的意见、评价与看法，尽可能达到全面、客观、公正。这就包括听一听周围学生的意见，从干部到普通学生，从男生到女生，从本班到外班；听任课教师的评价，包括前任课教师及前班主任的介绍；家访中倾听家长的说法、街坊邻居的谈论等。这样的调查有利于客观地评价学生。任课教师特别是班主任看到的一般都是学生较正规的一面，受到约束的一面，而有欠缺的另一面，有特长的一面就不一定看得到，看得周全，日常生活的、与他人关系的一面就不一定看得透彻。听取各方面的看法、意见，对于正确评价学生有着不可忽视的作用。调查和评价可以采取问卷形式，也可以采取集体讨论和个别了解方式。

3. 自我介绍法。

这是客观了解学生的又一重要手段。由学生自我评价，介绍个人的志向爱好和优缺点，是学生自我表达的一个机会。通过学生的谈吐能够听到他由衷的感想、呼声，能够了解学生多方面的情况，如深层次的思想境界、好恶观点等内在素质。对于自我介绍中表现出来的优点、长处，可以通过教育引导使其发扬光大；对于其中的缺点、不足，可以帮其正确认识、予以克服。

4. 考验实践法。

班级骨干分子，往往是通过学生自己组织的活动展露才华，脱颖而出的。

为了了解学生，教师可以给他们创造一些表现自己的机会，如在组织音、体、美、劳活动时，让其单独或牵头去完成某项任务；征求学生合理化的建议和意见，从而把握学生的智慧、能力，达到正确认识学生和充分发挥其特长的目的。

真诚播种

【教师故事】

那天中午，我刚回家躺下休息，就接到学校领导的紧急电话，叫我快速赶往医务室。一听到“医务室”三个字，我的脑袋立马“轰”的一下，肯定是有学生出安全事故了，而且问题还不小，当时，我的心怦怦乱跳。到了医务室，我看到了手指被洗衣机绞伤的学生林永超，医生正在给他做简单的包扎，我从医生口中了解到，他的小手指必须得去汕头海军医院做接合手术……天啊！我可怎么向他父母交待呀！我该以怎样的态度和语言跟他父母说明呢？他的父母又会怎样来兴师问罪呢？最终为了不让他父母太担心，我就轻描淡写地打了电话给永超的妈妈，让她尽快赶往汕头海军医院。

在从学校到汕头海军医院的路上，我的心一直跳得很厉害。我担心永超会疼得受不了，一个劲地鼓励他尽量睡一觉，也许疼痛就会减轻，永超一直很坚强，一声都没吭，直到进入手术室，也没叫过一声疼，可我分明看出了他那苍白的脸上写着“痛苦”二字。

几十分钟以后，永超的妈妈来了，我非常歉疚地向她说清了到底是怎么回事，当永超妈妈看到孩子那根只剩一点儿皮连着的小指头时，泪水分明在眼眶里打转。我的心也颤抖着，这时候，该说什么呢？说什么都显得苍白无力，别人交给我们的是好端端的孩子，现在孩子手指头都快断掉一截了。可不能就这样让空气沉闷着，我努力寻找着话题。我告诉永超的妈妈，海军医院的医疗技术很不错，不用太担心，永超的手会好起来的。我们学校会还她一个健康的孩子。

永超的妈妈是个很温柔的母亲，自从她孩子进入我班以来，我就经常跟她打交道，每个周五接孩子回家时，我都主动跟她谈孩子的情况，看得出来，她对我印象不错并心怀感激，也许正是基于这样的感情基础，我们才避免了一场尴尬的见面。现在一切都很平静，在等待孩子手术的那一个多小时里，永超妈妈还跟我谈起了她家的情况，就这样，我们以这样的方式终于等到孩子手术成功。一句责怪的话也没有，一场严峻的考验终于挺过去了。

后来，我提着永超爱吃的水果奔赴医院去看望永超，他妈妈非常感动，孩子也很高兴，他没想到我会去看望他。我从他妈妈口中得知他有时候不是很配合医生吃药打针，我告诉永超该怎么做，他乖巧地答应了。

一星期后，永超的手终于没什么大碍了，他又回到了我们的集体。那天，我很高兴，我的孩子们又一个不少地坐在我的面前。我在班级里开了个欢迎会，永超显得很不好意思。从那刻起，我就暗暗地告诉自己：再也不要让任何一个孩子受到伤害了！

【故事启示】

班主任是什么？班主任就是联结学校和家庭的纽带，是缓解学校和家庭矛盾的润滑剂。当学生遭受意外伤害时，班主任的真诚和细致以及平时与家长建立起的良好的情感关系，会让暴风雨化为和风细雨。也只有平时用心地播种，才能赢得家长的理解、尊重和宽容。

给作业写上评语

【教师故事】

给作业加上老师写的评语，这是我做过的一点儿尝试。有一阶段，在每天的作业批改后面，我都要写上几句话。作业写得好的，我就写上“你真棒，继续努力”；写得稍微需要改进的，我就写上“只要你认真写，你会写得更好”。每天的作业都是如此，一天两天下来，孩子们的作业都发生了翻天覆地的变化。写得好的，看到这些鼓励性的评语，在不断地努力；写得马虎些的，看到这些鼓励性的话语，也变得更加努力了他们的作业质量都在不断提高。我在作业后面写的一些鼓励性的评语，成为了激励孩子们的动力。

过去，只见语文老师在批改作文时写评语。没想到，在数学作业上写上如“谢谢你”“没想到”等这类评语竟然发生了这么大的变化。苏霍姆林斯基说：“成功的欢乐是一种巨大的情绪力量，是继续学习的一种动力。”让学生们时刻感受得到，时刻督促自己努力去做好每一件事，这便是鼓励性评语式的表扬法和友善性评语式的批评法。

在实际工作中，评语使我真正尝到了甜头，大大转变了学生以前做作业拖拉、书写糊涂等方面的不良习惯，收到意想不到的效果。过去的作业，做错了往往只是凶巴巴地打上一个“×”，而我不过是写上“老师相信你能行！”“你进步很快，相信你能做得更好。”“别灰心，再来一次好吗？”等评语，延迟判断，提供给学生“再表现的机会”，让学生在老师的评语启发和帮助下改正错误，维护了学生的自尊心，增加了学生学习的积极性。

【故事启示】

教师应该充分利用批改作业的机会，用“谈心式作业评语”的方式与学生交流：比如节日里给他们送上祝福；考试前给他们鼓励；平日里与他们聊聊球星、歌星、影星，向他们讨教网络知识；更多的时候是表扬学习、品德有进步的学生；关心地询问某某同学迟到、上课睡觉的原因；指出某某同学作业马虎、书写潦草对其终生的影响；当然还不忘时不时地问候一下性格内向或情绪突然有变化的学生。

作业评语不单纯是教师对学生作业的一种“我见你做过了”似的简单评价，它更应适应学生的需求，充分体现学生的主体地位。给作业加上评语作为一项重要的教育教学手段和活动，教师应该在尊重学生劳动和人格尊严的前提下，使之丰富多彩，从而能更好地发挥其教育价值，促进学生全面、和谐、健康地发展。

快快乐乐学习，是所有孩子的愿望。作业批改中的人文性鼓励评语内容，让学生享受到鼓励与关爱，促进了师生情。这样有利于促进学生形成发散性思维和创新意识，更有利于使师生之间的感情得到沟通，调动学生的学习积极性，促进学生养成良好的学习习惯。

习惯——日积月累的细节

【教师故事】

著名教育家叶圣陶先生曾说："什么是教育，简单地说就是养成习惯。"而习惯则是日积月累的细节。当这些小小的细节变成了一种习惯，聚沙成塔，集腋成裘，细节就会造就一个学习优秀、人格健全的学生。

新学期伊始，我接手了一个有50名学生的新班级。刚开学的一个月里，由于中午在学校吃饭的学生不是很多，所以给学生打完饭，我就去食堂用餐，对学生中午就餐时的情况也没有太在意。当有学生来报告我说班级的泔水桶里有很多剩菜剩饭时，我也没有放在心上。直到开学的第二个月，在学校吃饭的学生多了起来，我才发现孩子们的浪费现象十分严重。有的孩子挑食，对自己不喜欢吃的菜，碰都不碰，就倒进了泔水桶里；有的孩子只吃几口，剩下的就全倒进了泔水桶；有的孩子在盛饭时盛多了，到最后吃不完，也全倒了……一顿饭下来，班里的泔水桶里竟然有大半桶的剩菜剩饭，可孩子们一点儿也不心疼。这时，我才意识到，在孩子们的心里根本没有"珍惜粮食"这个概念。

怎样才能让孩子们意识到这是一种浪费，让他们知道"谁知盘中餐，粒粒皆辛苦"呢？我决定每天中午看着他们吃完。

在接下来的一段时间里，每天打完饭后，我不再去食堂用餐，而是坐在班上和孩子们一起吃饭，并且要求每一个人吃完后，都要把餐盘端过来给我检查，要求每一个人把打的饭菜都吃完。而我自己也在孩子们面前做出榜样，每次都将打的饭菜吃完。在起初的几天里，总有一些孩子端着没有吃完的餐盘到我的面前，十分委屈地说："老师，我实在吃不下了。刚才老师给我打多了。"看着一张张稚嫩的小脸，我也只好让他们倒了。所以在那几天里，班级的泔水桶里还是有不少的剩饭剩菜。看来只在行动上面约束他们是不行的。

于是在星期五的班队活动课上，我要求同学们想一想我们每天吃的米饭需要经过多少人的手；让他们算一算如果一个人一天浪费一粒米，那么全国13亿人一天要浪费多少粮食；告诉他们在很多地方，还有很多人吃不上这样香喷喷的白米饭，每天还有很多人因为饥饿而失去生命……看着一个个惊人的数据，听着这一个个不可思议的故事，孩子们惊呆了。这时他们才意识到，自己每天随意倒掉的饭菜是多么珍贵，他们的这种做法是多么浪费。我又告诉他们，在打饭时，要吃多少打多少，不够的可以添，并且表扬了在这方面做得好的几名同学。

新的一周又开始了，中午吃饭时，我特别留意了一下。令人惊喜的是，几乎没有人倒剩饭剩菜了，每一个人都将餐盘里的饭菜吃得干干净净，班级的泔水桶里有的只是一些菜汤。这是多么了不起的进步啊！我随即在班上对大家进行了表扬，并且希望他们再接再厉，孩子们个个都显得信心十足。

尽管在接下来的时间里，也会有些孩子吃不完，但人数是越来越少了。后来我宣布，以后吃完了就不用再端来给我看了，因为我相信每个人都懂得珍惜粮食。有的孩子有时也会想偷偷地将没有吃完的饭菜倒了，但是立刻就会有人上前阻止，说他们这是浪费，还煞有介事地跟他们讲道理，而那些想偷偷倒掉的孩子就会非常惭愧，乖乖回到座位上把饭菜吃完。看着这一切，我打从心眼儿里高兴，因为孩子们已经深深懂得了"一饭一菜来之不易"，珍惜粮食，绝不浪费。

【故事启示】

班级管理是一种琐碎的工作，它不仅需要教师的爱心，更需要教师的耐心与细心，因为我们是一群与心灵打交道的人，面对的是几十个活生生的充满创造力的孩子。细节是一种功力，细节是一种资源，细节是一种智慧，因为有了细节，我们的教育才能充满思辨与灵性。每个孩子的心灵都是美丽的，老师的爱是拂拭孩子心灵镜子的丝帛，细节之处给予爱，我们的工作就会充满无穷的动力。一句话，生活因细节而丰富，教育因细节而生动，细节是播撒爱的彩笔，给我们的教育增添无限摇曳的光彩。

让学生自己排座位

【教师故事】

教了二十多年的书，排座位居然成了大难事。经过再三考虑，我准备把排座位这件事情交给学生来办。

但我还是有些不放心，先跟学生聊了起来。“同学们，排座位要有一定的规则，你们的规则是什么呢？”班长李源说：“首先要照顾眼睛近视的同学，因为他们的确有实际困难，大家都应该关心他们。”

学习委员袁葳说：“还要考虑到学习成绩的差异，学习好的同学与学习吃力的同学排在一起，这样有利于结成‘一帮一’的对子。”班上最调皮的周季钊有点儿不好意思地说：“我觉得男女生应该搭配坐，男生和女生坐在一起，男生会讲究卫生一些，也会守纪律一些。”

周季钊的话刚说完，教室里的气氛顿时变得热烈起来。

“在没有特殊的情况下，就按个子高矮来排，这样，前面的同学就不会挡住后面的同学，每个人都可以清楚地看到黑板了。”劳动委员站起来大声地说。

平时内向的朱紫颖竟然说出了自己的看法，“在排座位时，能不能考虑一下同学们的性格呢？”

“对，让开朗的与内向的坐在一起。”立刻有人附和。

“组与组之间的座位应该每半个月轮换一次，这样可以让每个同学的眼睛都得到调节，不会造成斜视。”谁知这个同学的话音刚落，快嘴吴晶同学提出了异议："我觉得所有人不能一概而论，我的同桌陈宏希就应该经常坐在左边，因为他有向左斜视的习惯，经常坐在左边，可以强迫他向右看，有利于他眼睛的矫正。"

听了同学们的发言，我不禁有些惭愧。说实在的，同学们对这些细小问题的考虑比我还要周全。最后，我又不失时机地向大家提出了一个问题："如果家长对座位提出异议或者要求特殊照顾自己的孩子，那该怎么办呢？"

"那有什么难办的，如果家长们能说出正当的理由，并征得全班同学的同意，随时可以调整呀！如果理由不充分，不管谁说都不行！"

看着一群可爱的孩子，看着一张张纯真的笑脸，我感到有些欣慰了。排座位这个棘手、敏感的问题就这么解决了。接下来，在几个班干部的带领下，经过一阵忙碌后，座位终于排定了。

【故事启示】

让学生成为班级管理的主人，这个理念能否实现？这则故事给了我们一个肯定的回答。学生排座位的过程，是学生自主管理的体现，更是学生自我教育的过程。为了公平、合理地排好座位，学生们懂得了要关心他人，特别是关注那些需要照顾的人；他们还考虑到座位安排能促进同学之间相互帮助、相互制约；不仅如此，他们还学会了如何辩证地、多视角地思考问题，既坚持了原则，又能具体问题具体分析，灵活机动地处理问题。在互动中，他们感受到了集思广益的优势，意识到了每个人的价值，学会了尊重，学会了倾听和表达……试想，如果这一切由教师一手包办，这可贵的教育契机只能失去。从这个意义上说，什么是教育呢？教育是给学生体验做事做人的机会！

润物无声，教育无痕

【教师故事】

随着新课程改革的进一步深入，全面促进科学课堂中三维教学目标的有效落实已不容忽视。对于情感目标的落实，很多教师都会说：“在课堂上对着一群天天见面的学生讲大道理，培养他们的情感价值观，总感觉非常别扭，自己都觉得做作。”我想问的是：“为什么情感教育只能是老师说，学生听，而不能由学生自己感悟呢？”事实上，“情由心生，有感而发”，科学教学中的情感教育，就像我们平常说的“只能意会，不能言传”一样，更多的时候，要让学生自己感悟，达到“润物无声，教育无痕”的教学效果。我就参加科学课堂教学评比的《生物的适应性和多样性》一课中有关情感教育的落实，与大家一起分析、共享。

片段一：

（学生观看视频图片——广场上几百张金钱豹皮和孟加拉虎皮，学生看后发出惊叹。）

师：你们看了之后有何感想？

（学生反响很大，都把手举得很高，争先恐后地发表意见。）

生1：全世界仅有约四千头野生孟加拉虎和金钱豹了，那些人怎么就这么不懂得珍惜动物，难道一定要等到它们像恐龙一样灭绝才罢休吗？（唾沫四溅！）

生2：我想说的是，如果人类不爱护动物，肆意捕杀，终有一天会遭到大自然的惩罚，到那时就为时已晚了。所以我们要好好保护动物，当然还有植物。（讲完后，少了刚才的急切，多了几分满意，似乎全世界都听到了他的话，并且都会按照他的话去做一样。）

生3：如果这些杀金钱豹和孟加拉虎的人在我面前，我就把他杀了！（这位同学心直口快，一语惊醒众生。）

众生：杀人是犯法的，我们应该用法律去制裁他们。

生4：老师，我认为最根本的问题在于买这些虎皮和豹皮的人，如果没人买，他们就不会去捕（金钱豹和孟加拉虎）。所以我觉得要杜绝制衣商们买虎皮等来做衣服卖。（引起同学们一阵掌声。）

……

师：同学们讲得非常精彩，老师也很认同你们的观点，我现在看到的你们是一颗颗“星星”，什么“星”？动物们、植物们的“救星”！

片段二：

（在上面环节的基础上，我顺势引导，让学生将这种对捕猎者和商贩的不满转移到自己身上，检讨自己的行为。）

师：我们看到别人的罪证之后，往往会把别人批得体无完肤，那我们自己有没有做过伤害动物或者植物的事呢？是不是也应该勇于承认错误，好好反思和检讨呢？（课前没有预设此环节，此环节是在学生们刚才激烈发表自己观点的基础上被激发出来的。）

（全场气氛凝重，学生们一个个像是在教堂里一样，虔诚而又认真地思考着，十秒钟后，一只只手接连举起来了。）

生1：我要向大家检讨，我以前总喜欢抓小鸟，然后给它绑上线，等它飞远了再拉回来。最后这些小鸟都有同一个结局，就是死亡。我觉得很不应该，以后再也不抓小鸟了。

生2：我要向大家检讨的是，每逢春季，青蛙繁殖，河里有很多小蝌蚪，我觉得很好玩，就去把它们抓来玩，最后它们都死了。如果我不抓它们的话，它们肯定可以帮助农民伯伯吃掉很多的害虫，而我的这种行为相当于在间接帮助害虫，真不应该！

生3：说起蝌蚪，我以前还帮我奶奶到河里捉蝌蚪，然后喂给鸭子吃……（话还没说完，另外的同学就发出惊叹。）

生4：我有一次去乡下奶奶家，在那边的河里发现有一种叫水葫芦的东西，我觉得很漂亮，就把它带回家养在金鱼缸中，后来不怎么喜欢了，就把它扔到我家前面那条河里了，结果现在这条河里都是水葫芦，并且水都臭了。我后来查了资料，说水葫芦繁殖很快，会影响水体质量，引起鱼类死亡。我觉得在我无意中引入新物种后，水体原本的平衡被破坏了，所以我今天回家后要把水葫芦打捞起来，不让水体再污染下去。（实际上这种水体污染并不是刚才那位同学一个人的"功劳"，但大家还是被他生动的描述和虔诚的忏悔所感动。）

生5：可以说我到现在都没有直接伤害过动物或者植物，因为我爸爸也是教师，我从小就在他的教育下爱护动植物，保护环境。可我妈妈就不是这样的，去年，她买了一件貂皮大衣，我觉得很不好。

师：为什么呢？你妈妈又没有直接去伤害动物。

生5：但是如果我妈妈不去买的话，其他人也不去买的话，也就没有捕猎者了，动物们也就不会惨遭不幸了。（其他同学似乎有同感，都鼓起掌来。）

师：你说得很对，保护动植物不是靠一个人两个人就行的，关键是我们大家一起，从点点滴滴的小事做起。

……

片段三：

[在总结本课时，为了学生的情感价值观教育，我又设置了一个"分角色表白"的活动。规则：选择一种最想保护的动物（学生们选择了保护青蛙），班级中四个小组分别扮演"农民伯伯""青蛙""科学家""商贩"。站在自己的角色上，小组讨论，如："我是青蛙，我想对大家说……"]

生1：大家好，我是农民伯伯的好朋友——青蛙，但我已经感觉不到友情了。因为我们天天忙于帮农民捉害虫，而他们却还抓我们去卖给商贩，太不"蛙道"了。在这里当着大家的面，我宣誓：如果农民们再这样恩将仇报，我们就再也不吃害虫了，反过来破坏你们的庄稼，让你们饿肚子！（“青蛙们”一起拍手，表示同意“青蛙代表”的观点。）

生2：各位，请少安毋躁，我是科学家，听我讲几句吧。据我们的调查，青蛙是一种有益动物，它每天可以为我们吃掉几千只害虫，默默无闻地保护庄稼，所以我们要保护我们人类的朋友——青蛙。而首先我们要了解有关青蛙的知识：青蛙属于两栖动物，幼体生活在水中，就是我们平常说的蝌蚪，所以我们不要去抓蝌蚪来玩。成体生活在陆地，以捕食昆虫为生，冬天要冬眠。我们每个人都要以有青蛙这样的好朋友为傲，而不是去伤害它们。我们“科学家组”商量决定，设计一张有关保护青蛙的海报，到农村去宣传，让更多的人参与进来。（得到全场的掌声。）

生3：各界朋友，大家好，我是商贩，但是我是一名懂科学、爱生物的好商贩。可以说，我是靠卖青蛙致富的，但是大家别误会了，我卖的青蛙都是我自己养的专门的食用青蛙。而且我还把自己发财的门道教给同村的人，让他们不要再去抓野生的青蛙，而是人工养殖青蛙，这样既保护了青蛙，保护了庄稼，也保障了我们的收入。现在，我们还在实行一个“养蛙归田”的计划，就是我们人工繁殖青蛙，然后把一定数量的青蛙放到大自然中去，以对抗因青蛙数量不足而造成的虫灾。这个计划正在实施中，希望能得到大家的关注与支持，谢谢！

（学生的发言越来越精彩，仿佛课堂已变成了他们演讲的舞台。当然，接下来还有很多的同学表述自己的观点，都得到了大家的好评。）

师：同学们讲得都很精彩，通过对青蛙这种动物的分角色扮演活动，可以引起我们更多的思考，我们对另外的动物或植物可以做些什么？应该做些什么？怎么去做？今天回家后同学们上网查查有关我国珍惜动植物方面的知识，下堂课我们再一起交流、探讨。

小结：

总结本课时，重点还是放在学生的情感教育上，进一步提升学生的价值观素养。采用的方式是让学生自己说，用自己的语言说出自己的想法，甚至是想象。把这样的教学目标设置在“角色扮演”活动中，显得格外轻松活跃，也更加自然逼真。可以看出学生的表述都很清晰，这也从侧面反映出他们的处世观念。

【故事启示】

可以看到，上面的故事中教师不是主角，大多数都是学生在说，而且教师也并没有给每个回答予以评价。原因很简单，如果教师参与评价，最多只是说："你讲得很对，我们这样的行为是在伤害生物，破坏环境，以后不能再这样了，我们每个人都要保护环境。"这样的话语能有什么效果呢？表面上，教师对学生的回答作了评价，而实际上就算老师不评价，学生对这些事例也能作出判断，并且经过情感迁移之后，引起共鸣。这样达到的效果不是更好吗？正所谓"此时无声胜有声"！

据相关调查，很多一线教师在落实三维数学目标时，把"知识目标"与"技能目标"放在第一位。因为这两者是硬道理，是可以明显衡量的，而"情感目标"却是隐性的，暂时是无法衡量的，所以把这"三维"分割开来，在课堂上以说教的形式花几秒钟时间顺便带过"情感"。而在一些展示课或者比赛课上，教师为了落实"情感目标"，往往采用思想政治教育的方式，这样的教学操作实际上和真正的情感落实有很大的偏差。

我们知道，科学的态度和情感是通过对科学知识的正确理解、把握而形成的一种科学信念与习惯，科学价值观则更多的表现在科学精神方面，往往需要通过科学探究和对科学本质的认识深化来逐步培养。所以教师在落实三维目标的时候要注意三者的有机结合，把握情感目标的方向和落实过程，培养学生自主到位地达成科学的价值观。

找准教育的切入点

【教师故事】

308班是走读班，我当该班班主任已是第三个年头了，学生思维较活跃，而且随着年龄的增长，他们越来越懂事了，也有一定的自控能力了。但让我感到最头疼的是午休时间。有些学生精力旺盛，根本不想睡觉，老在床上翻来覆去，甚至跟旁边同学玩。

我班有个学生叫卢信丹，这孩子很聪明，知识面很广，也很喜欢跟同学交朋友，他还有很多其他班甚至其他地方的朋友。而且他对人很宽容，也很有爱心。但是他的注意力很不集中，特别是午休时精神特好，从来都不想睡觉，还打扰其他同学睡觉。我只好把他安排在我的旁边，可是这下更糟了，我的午休彻底给毁了。他看我闭着眼睛，以为我不知道，总是去惹别的同学玩，我提醒他一次，他就停两分钟，然后又开始行动，这样反反复复直到起床音乐响起。我很生气，批评他："信丹，你在我旁边还这样，像话吗？看来你把我的话当耳边风了。你不想午休就别浪费爸爸妈妈的钱啊！""你早上起那么早，中午再不休息，下午怎么会有精神上课？""你不午休就去别的学校！""自己不睡觉也不能在这儿影响别人啊！"……

类似这样的话不知跟他说了多少回，他还是我行我素，中午照样不睡觉。怎么办呢？有一天，我实在是没辙了，把他留了下来，一定要解决这个问题。晚上上晚自习，心境比较平和了，我开始想怎么去说服他午休时间别影响别人。突然我想到了他幼儿园张老师说的话："这小家伙在我班是数一数二的调皮生，但对老师很好，很关心老师。"

于是我展开了与他的对话：

"信丹，我跟你说一件事，这是一个小秘密，我从来没跟你说过。你想知道吗？"

"想！"

"一年级的时候你还没来学校上学，我就听说了你的故事，当时我听了很感动。"

他一脸的茫然。

"你学前2班的班主任也是叫张老师，对吗？"

"对！"

"她告诉我你们幼儿园毕业典礼的时候，也就是最后在幼儿园的那天，别的同学都抱着教室里的肖老师告别，只有你最后一个走，不停地问肖老师：'张老师呢？她怎么没有来参加我们的毕业典礼？'别的同学都没有提到她，就只有你还记得她（当时张老师生小宝宝请假在家）。张老师说你平时就对老师最好了，最会关心老师了，我听了就记住你了，所以你还没到实验学校来读书我就知道你了，而且我还知道了你是那么关心老师，是不是？"

他很欣喜地看着我。

"现在我这个张老师当你的班主任，也觉得你很有爱心，对人也很宽容，也很关心老师，经常帮助老师做事情，特别是张老师天天都批评你不睡觉，你还是天天笑脸对着我，一点儿都不计较，也不记恨，这一点我最欣赏。"

他听了很高兴。

"现在张老师有个事情想请你帮忙，你愿意吗？"

"愿意！"他用期待的目光看着我。

"我知道你精神很好，中午不睡觉，下午上课也很有精神。但是老师这一点就不如你了。我就很想中午好好睡一觉，这样下午才有精神上课，要是我没有睡好午觉，下午会很累很辛苦。你在我旁边能不能不要弄出声音来，让我天天都睡个好觉呢？”

他不好意思地点点头。

这次谈话以后，卢信丹中午真的安静了很多，通过我一个一个地逐个突破，班上的午休纪律大有改观，午休时师生之间再也不会对立冲突了，比当时说的那些笼统性的批评和“狠话”效果强多了。

【故事启示】

教育学生真是一门不折不扣的艺术。有时方法单一、简单、粗暴，效果却不尽如人意，甚至进入恶性循环。要深入研究每一个学生，掌握每一个学生的特点，找准教育切入点才能使学生的心灵产生震撼，真正地从内心接受教师的教育。因材施教不光要体现在课堂教学上，班主任管理学生更要如此。多与学生进行心与心的沟通，了解孩子的真正需要，这样才能事半功倍。

教师们，多花点儿时间去研究孩子吧，多思考，找准有效对策，与孩子个别沟通比笼统性的语言和所谓的道理要有效得多。

巧借分数

【教师故事】

一次，班中一名较听话的学生在单元测试中只得了69分，差一分就能得70分，当然很遗憾。这个学生找到我，请求我给他加一分，我把他的试卷从头到尾仔细地查阅了一遍，发现并没有批改上的错误，我表示无能为力。看着孩子沮丧的神情，我想他一定很需要这一分，否则也不至于如此。这时我脑冒出了一个主意，我跟他一起分析了这段时间的学习情况，考虑到这是一次单元测试，就对他说，给你1分不行，但可以借你1分，下次考试时你要还，而且还要还10分，行不行?

这个学生高兴地答应了。从此，我发现他上课更用心了，作业也比平时更细心了。看得出，他决心履行他的诺言。果然，在下一次测试中，这个小家伙竟然考到了95分。他兴奋地找到我，说："老师我来还分了。"我笑着说："扣除10分，你还得了85分，比上次进步16分，这都是你自己努力的结果呀！"

从69分到95分，这是他通过努力获得的。当初我"借"他1分，他很感激。"欠"了1分，就有压力。学习有了进步，"还"了"欠"的分，又由此激发了他的学习积极性，使他产生了新的学习动力。

【故事启示】

这1分借得及时、有价值。分数在这里变得有情感，也有更为深刻的意义。

考试分数对于教师和学生来说都是很敏感的事情。考试分数高，教师、家长、学生满堂欢喜；考试分数低，家长烦心、教师操心、学生担心。其实，分数并不能代表一切，如果教师能够很好地利用分数来教育学生，那么学生的成绩会越来越好。但是一味看重分数，用分数衡量学生的好坏，只能使分数低的学生越来越灰心。

模糊教育

【教师故事】

那天是周五，午休起床我站在走廊上正与一名学生谈话，小孟就找我告状，说自己带来的20元买图书的钱被偷了。我一听头就大了！学生丢钱常有发生，每次都查不出来。他怀疑是小博偷了。我觉得不可能，小博可是我最信任的班干部！可小童说有人看见午休时小博曾走出宿舍，而且之后小博从医务室买回五盒罗汉果润喉糖。我一听，有点儿道理，因为只有作为检察员才能自由行动。身为班干部竟然当小偷，那还得了，不会是他吧？虽然我有些疑惑，但这次既然有线索就不能不了了之，一定要查个水落石出，等抓到那个小偷后我一定严惩不贷！我心里想着：别急着下结论，先调查清楚再做处理。于是我决定暗访，以防止小博串供。我故意让小博帮我检查作业是否收齐，支开了他。一张调查大网暗暗张开了！

线索越来越清晰，所有证词都显示，小博就是小偷！我一肚子的火骤然升起——小博竟然利用职务之便行偷盗之事！我真是看错人用错人啊！

我恨恨地想：这次可让我抓到了，借此机会杀一儆百，必须马上对他进行“批斗”！

我来到办公室，正要发脾气，却看到他正在认认真真工作。于是我压了压火，问：“你今天有没有做过什么错事？你自己好好想想。”他马上红了脸粗着脖子极力否认。他一副很紧张的样子，看样子肯定会顽抗到底，因为谁也没亲眼看见他偷拿那20元钱。我本人是心知肚明的，但现在因受时间、空间、教育对象等外部条件的制约，这个问题暂时无法解决，在回教室的路上，我一直在思索，如何有效地处理这件事：是在全班公开处理、大肆批评？是单独找他谈心、私下里解决？还是叫来家长双方沟通、共同解决？种种处理方式在我的头脑中闪现，同时种种处理方式的结果，我也在不断预料。

想起这个平时自尊心特强的男孩那紧张的神情，我把所有的想法都推翻了，我想此时有必要把问题放一放，寻找合适的教育时机再解决，我决定另辟蹊径——晾一晾。

我像平常一样上课，轻松自如，只不过课堂上的他似乎紧张了许多。就这样，一下午的课结束了，我没有叫他，他随着放学的路队回家了。

当天晚上，我打电话给他妈妈，将事情一五一十地说了，为了还孩子清白或教育孩子，我请她协助调查。他妈妈搜查书包果然发现了十几元来历不明的钱。家长焦急万分，孩子愧疚万分的神情，使我原先严惩的想法动摇了——假如他是我的孩子，他一时鬼迷心窍犯了错怎么办？学生犯错误，这是很正常的事情。不要看成是洪水猛兽，或者是大逆不道的事情。孩子有时候做一些错事只是觉得好玩，根本没有意识到后果。他现在已经深刻认识到这样做是不对的，而且我相信他以后不会再犯类似的错误。于是我决定冷处理——不公开，不上报，但指出了他这样做的严重后果，并要求他写检讨交给家长保管，今后要好好表现。为了堵其他学生的嘴，我还对全班学生撒了一个“谎”——20元钱由我交还失主，并表明是有人捡到交公了。

第二天，批改作业时我发现他不但完成的质量不错，更值得高兴的是，字写得比以前更工整了。在作业的结尾处，还有一小行话：杨老师，对不起，我保证以后决不会再出现这样的事。你相信我吗？另外他还画了一张带着紧张表情的小脸。

看后，我思忖片刻，画下了一张灿烂的笑脸。

至今，教室里没有再发生类似的事情。

我对这件事情采取了“晾了一晾”的做法，让它模糊地过去了，却收到了意想不到的效果。

【故事启示】

模糊教育不是和稀泥，而是处理问题的一种艺术。它不需要穷追猛打揪住辫梢不放。而是在尊重、理解和信任的基础上，以静制动，决胜千里。

泰戈尔有一句诗："不是锤的击打，而是水的载歌载舞，才让卵石臻于完美。"的确，目标清楚、指向明确的击打有时甚至会玉石俱焚，而寓教于乐、润物无声的模糊教育却能出奇制胜。我们都知道人非圣贤，孰能无过的道理，人人都有犯错误的权利，更何况是孩子呢？但我们有些大人却剥夺孩子的这种权利，大错小错一律追查到底，轻则点名批评，重则行政处分，任意践踏孩子的自尊心和自信心，更有甚者体罚或变相体罚。我们教育最基本的目标是培养身心健康的社会建设者，按上述方法教育出来的孩子又岂能身心健康呢？其实，模糊教育何尝不是一种美呢？

不妨暂时冷落她

【教师故事】

上学期军训时，我们班有一个女生表现特别突出，她乐于奉献，乐于助人，勇于承担责任。现在我仍清楚地记得，当我正在绞尽脑汁地寻找一位指挥员的时候，她主动走过来和我搭话，在我和她聊天的过程中，她表现出强烈的集体荣誉感。她给我推荐了两个同学，并且还毛遂自荐（我很感动，更欣赏她那种勇敢又自信的做法）。经过认真考虑比较之后，我决定给她一次机会。当然，她的名字很快印入我的脑海。同学们对她的印象也很好。她就是我们班的王晓燕。

军训结束正式开课之后，王晓燕也顺利地当选为我们班的文娱委员。但是令我感到既惊讶又失望的是，王晓燕的表现和军训时完全不一样了。她没有以前那么积极了，特别是在学习上比较被动，而且还经常迟到。起初我还以为是军训太累的缘故，但是，观察了两三个星期之后，情况仍然没有什么好转。而且，我还发现，她的打扮根本不适合中学生，穿得太过时髦，有时还会戴耳环。于是在我和她平时聊天的过程中，我就委婉地指出来了。

后来，学校艺术节快到的时候，王晓燕又很积极地参加各种各样的活动。她和老师聊天的时候并不像有的学生那样会紧张，她很大胆，很自然。对于艺术节的有关事宜，她都会主动找我，征求我的意见。有这样一个班干部带头，我当然觉得很放心，也挺满意。谁知，艺术节结束后，她又打回原形，而且还把手机带到学校来。我本来想批评她一顿，但是对于学生犯错，我的原则是：第一次犯错可以原谅，只给以警告；如果重犯，那就一定要受到惩罚。所以，第一次我就原谅了她，没有没收她的手机，而且她在我面前保证不会再带来。没想到不久之后，她又把手机带来了，这次我毫不客气地没收了手机。两个星期之后，她来找我，态度很好，且保证以后不会再这样了。她的诚恳使我相信了她。两个月过去了，王晓燕表现挺好，唯一不足的就是学习不认真，科任老师反映她上课经常睡觉。就这个问题我也找她谈过了，还表扬了她近段时间表现不错。这次谈话之后不久的一天，我正在忙着改作业，一个熟悉的声音从我身后传来："老师，我的手机被学校没收了……"当时，我真的生气极了，觉得自己有一种上当受骗的感觉。我那么信任她，她却做出这种事情来。但我还是忍住了火气，说："你说这次怎么办呢？"我非常严肃，没有一丝笑容。她低下头，站在那里，一句话也不说。后来她的家长来了学校，她自己写了检讨书，学校德育处、家长和我共同努力解决了这个问题，使她认识到中学生带手机回校的害处。当时她完全承认了自己的错误，同意家长把手机收起来。

但是没过多久她又一次带手机到学校。当我没收她手机的时候，她比以往任何时候都要紧张，但是对于她这种屡教不改的行为，我真的彻底绝望了，我的一切努力都白费了。我毫不留情地没收了手机，而且坚决认为，这次一定要对她进行严格处罚，一定要让她写检讨，为班级服务，当然有必要再一次叫家长。当时是课外活动时间，我没有马上就批评她，谁知到了晚修时，一份工整的检讨书放在我的办公桌上，我一看，原来是王晓燕写的。看完之后，我明显感觉到这一次她真的知错了，而且下定决心去改。但一想到她以前的做法，我还是无法相信她。而且我决定不主动找她，先冷落她一段时间看看有没有什么变化。晚修之后，她又自己来到办公室，站在我身边，一句话都不说。我没有抬头看她，但我知道她哭了。我发现，她这次和以前不同了，她一声不吭，完全不像以前那样在我旁边唠叨个不停。她站了很久之后，我看时间已经不早了，就告诉她："回去好好反省反省吧。"过了两天，在周记里，她又一次检讨了自己："老师，我真的真的知错了……"从她的字里行间，我明显地感觉到她的真诚与决心。我仍然没有找她谈话，我准备这次对她进行冷处理，但是我一直都在观察她。令我感到惊讶而又高兴的是，这一次她真的变了，她变得很勤奋，作业也很认真，完全不是以前的她了。对于这一切，我看在眼里，高兴在心里，我相信她了。就在中段考之前的一个星期，我找她谈话，表扬和鼓励她，并且祝她考试成功。这一次，她又哭了，而且哭得很伤心。考试结束后，考试结果也很快出来了。她的成绩在全班排二十六名，进步很大，前进了十三名。我又一次在全班同学面前表扬了她，她对自己更有信心了。现在，王晓燕的表现挺好，但我还是不能放松。

【故事启示】

这则故事给了我们以下的启示：

1. 教育学生要有耐心，并且要相信学生。

任何事情都不能急于求成，过于急躁反而会起反作用。像王晓燕这样的学生，屡教屡犯，但只要教师耐心地去教育，就一定会看到奇迹的出现，教师的努力一定会得到回报。教师信任学生也是很重要的。因为不信任会打击学生，也会伤害学生的感情，可能会让他们从此堕落下去。

2. 尽可能多给学生一次机会，多表扬和鼓励学生。

虽然常说事不过三，但是有时教师是不是可以多给学生一次机会呢？因为对于某个学生来说，多给的一次机会是那么的珍贵，甚至可能会改变他的人生。

3. 要注意批评学生的艺术性。

学生的自尊心很强，他们需要教师的尊重，教师应该多表扬他们的优点，批评时要多注意他们的感受。教师对违纪学生批评时要注意场所、语气、内容等，才能达到真正的教育目的。故事中的冷处理或许也是一种行之有效的方法。教师在学习上和批评中不能搞特殊化，要以同一标准要求学生，说话的方式要因人而宜，要讲究艺术性，不能妄下结论，要尊重学生的人格，呵护他们的自尊心。

4. 要学会原谅学生，但不能纵容学生。

学生求学，通过教师的教学和教育不断在知识和品德等方面成长、成材。由于社会的复杂性、学生年龄阶段的特点，一个学生违反纪律是一件很正常的事情，不能因为学生的违纪就对学生贴标签，一味地否定学生。

5. 用辩证的眼光去看问题。

不戴有色眼镜看学生，要破除心中固有的看法，每天都要用新的眼光看问题。此外，要及时和家长进行沟通。这样家长才能能够更加了解自己的孩子，对其进行适当的教育，这有利于孩子的成长。同时，教师的工作也可以得到家长的支持，更有助于教育工作的顺利开展。

数学课上的误判

【教师故事】

在七年级（四）班的教室里，我正在给学生上数学课。

我："同学们好！最近，我们学习了分式方程的解法，请说一说分式方程解法的一般步骤和注意问题。"

同学甲："解分式方程的步骤和解一元一次方程的步骤相同，是去分母、去括号、移项、合并同类项、系数化为1。"

同学乙："解分式方程时可能产生增根，因此，在解分式方程的过程中一定要进行验根。"

我："很好！下面哪两位同学自愿上黑板完成P94的第6题？"我看了看两个数学成绩一般的同学常宇和刘伟，"好的，常宇同学做第一小题，刘伟做第二小题。其他同学在课下作业本上完成。"

然后我在讲台下巡视，帮助学生做题。

在订正答案时，有同学说："老师，常宇同学在移项时没变号。"我一听，就气不打一处来，批评道："老师讲过多少遍移项要变号，你到现在还听不懂吗？"

我感觉到常宇同学想要说什么，但考虑到教学进度，我没有再让该同学发言，而是按课前准备好的授课计划，完成了本节课的教学任务。

课间休息时，常宇跟我来到七年级办公室，他说："老师你看我这样想对不对？我当时没有用移项法则，用的是已知一个加数与两个加数的和，求另一个加数的运算，用减法。”

“……行！行！都怨老师一时糊涂，没有认真考虑你的解法，还批评了你，真的对不起！”

“没关系！”常宇微笑着跑回了教室。

此时，我感觉到我的脸在发烧……

【故事启示】

在这一节数学课上，当学生回答问题正确时，老师的心情自然很好；而一位同学移项没变号，老师就气不打一处来。此时教师的表现正常吗？考虑到教学进度，老师没有再让该同学发言，如何体现以学生为主体的教育思想呢？《数学课程标准》在“课程实施建议”中指出：“学生的个体差异表现为认知方式与思维策略的不同，以及认知水平和学习能力的差异。教师要及时了解并尊重学生的个体差异，满足多样化的学习需要。教学中要鼓励与提倡解决问题方式的多样化，尊重学生在解决问题过程中所表现出的不同水平。”因此，教师的教学不应围着自己的“教”转，而应多为学生的“学”服务。应积极倡导延迟评价，多给学生表达自我的机会，真正做到师生互动、共同发展。尤其是当学生的答案“离奇古怪”时，教师不应该急于主观猜测、简单评价、草率收场。要冷静地问问自己，学生的解法有道理吗？真诚地问问学生，你是怎样想的？或许学生富有个性化的火花就会随之迸发而出，课堂也会因学生丰富多彩的答案而变得精彩。

即使是学生做错了题，又为什么不能宽容呢？如果学生什么都会，还要教师干什么呢！对学生要严格，但要运用好严格的方法，及时体现严中的疼爱。一个优秀的教师应该懂得如何体面地维护学生的尊严，幽默而又智慧地处理学生的“过失”，如果教师动辄对学生的失误暴跳如雷，大加指斥，不但有损师道尊严，有损教师的人格魅力，而且于事无补。不论何境，教师都应该尊重学生，宽容地接纳他们，热忱地教育他们。教师对学生的宽容，是一种巨大的教育力量，也是一种重要的教育手段。所以教师应学会宽容，树立以学生为主体、师生平等、民主的观念，营造有利于培养学生创新精神的宽松的教学气氛，构建充满生机与活力的和谐课堂。

如果常宇是位“好学生”，教师可能会心平气和地说，“你这个‘小马虎’，你怎么在移项时忘了变号？”然后静下心来倾听他的解释。在当时，教师压根就没想过常宇这个数学成绩平平的学生，会用另一种思路来解这道题，在不知不觉中上演了“好生好对待、差生差对待”。新课程的基本理念认为“不同的人在数学上得到不同的发展”，这已从客观上肯定人的差异性，认为不同的人在学习上会有不同的效果，每个学生只要达到自己的学习目标，就是巨大的成功。因此教师应知道：教育首先是赏识教育。教师要以多元智能理论为指导，形成积极乐观的“学生观”，从多个角度来评价、观察和接纳学生，重在寻找和发现学生身上的闪光点，关注全体学生；相信每一位学生都是有能力的人，每个学生都是独特的，也是出色的；乐于挖掘每一位学生的优势潜能，并给予充分的肯定和欣赏，树立学生的自尊和自信。将学生的创造精神和各种聪明才智最大限度地激发出来，与学生共创教学过程的佳境！

“教学永远是一门遗憾的艺术”，而我们的教学艺术正是在不断解决不足和遗憾的过程中得到提升。本故事中最大的遗憾，就是忽略了一点——发展中的学生和学生的发展。

一节特殊的班会课

【教师故事】

学生们将男女生在一起学习、活动视作异常，男女生一起做事时总是疑虑重重，很不自然。学生之间隔了一道无形的鸿沟，一堵坚厚的高墙。针对这种情况，我决定给学生上一节特殊的班会课。

星期一下午一上课，我就把学生拉到操场上，把他们分成男生队、女生队和男女生混合队进行拔河比赛。在比赛中，我把其中任何一方的人去掉1～2人，那个队立即就被对方拉了过去。特别是男女生混合队，我把其中一方去掉男生后立即就败，去掉女生后也是立即就败。比赛后，我向全班学生提出了一个问题："拔河比赛中，为什么有的队会赢，有的队会输，这说明了什么呢？请同学们思考一下，然后分小组讨论。"

王伟伟同学第一个发言，她说："通过这次活动，我懂得了团结就是力量的深刻含义。任何一方的同学不团结，劲不往一处使，他们就会落败。同样，一个班级也是一样，男女同学之间，男同学之间，女同学之间只有互相帮助，互相爱护，互相关心，团结一致，才能使我们班立于不败之地。"

张立同学说："每个人都有自己的位置，自己的希望，但希望要付出努力。一个班犹如一列火车，男生和女生犹如火车的前后两个车头，每个人犹如火车的每一节车厢，只有团结一致，一个拉一个推，共同努力，才能快速前进。"

他的话音刚落，其他学生也纷纷举手，站起来发表自己的看法。他们的发言很诚恳也很深刻。我也说出了目前我们班的情况，分析了这种现象产生的根源和危害性，讲述了“众人拾柴火焰高”和“众志成城”的故事。我号召大家团结一致，为创建一个良好的班级而努力。

不久，班里开展了“一帮一”“手拉手”学习兴趣小组的活动。同学们自觉自愿地结对子，互帮互助，团结一致。男女生一起讨论问题，一起活动，共同商量班级工作，共同提高。他们高兴地说：“我们在帮别人的同时，也为自己创建了一个良好的学习环境，为我们的学习开辟了一条阳光大道。在这样的集体中学习，我们感到很愉快，很惬意。”一个团结、向上、充满活力的班集体正逐步形成。同学们有了好的心境，各方面也有了明显改变。他们不再封闭，在班会课上纷纷打开自己的心扉，诉说自己的心里话，给班干部和老师提建议，改善学习环境。期末考试中，我们班有十几名同学得到奖学金，年级前五名我们班占了两个名额。

【故事启示】

每个人的成功都离不开集体。一个团结、向上的集体是我们成功的良好载体。因此，作为教师，面对同学们生理成熟和心理变化过程中出现的问题时，应该给他们营造一个良好、健康的舆论环境，一个思维的氛围。教师应该致力于成功集体的塑造，只有成功的集体才能培养出更多成功的个人。

一瓶灵丹妙药

【教师故事】

我从事班主任工作已有十二个年头了，成功与挫败同在，幸福与烦恼交织。

我所带的班级即将参加中考。随着考试的日益临近，同学们承载的压力也与日俱增。有的同学说晚上睡不好，有的说饭吃不下；再看看他们的表现，就发现有些同学动不动就与人吵嘴。

学生住在学校，缺乏与家长的交流。这个时候，老师的支持尤为重要。但同时我也困惑：似乎除了在生活上多关心他们一些，我能做的就是找他们“谈话”，然而谈得多了，效果也渐渐消失了。

离考试只有五天了，考前的状态将直接影响到考试的临场发挥。如何帮助他们调节心情呢？左思右想，我想到了心理治疗上的“安慰剂疗法”，是不是可以通过行为干预来帮他们缓解压力呢？我决定“骗”他们一回，心动就马上行动。我到校医务室配了一瓶维生素C，回到办公室，用白纸包了二十个小包，每包两粒维生素C。然后我拿着这些“灵丹妙药”走进了教室，我对同学们说道：“同学们，老师发现你们最近压力都很大，我要帮助你们一下。昨天，我到市医院去配了一些药，这个药很有效。考前几天，每天服用两粒，你的内心很快就会平静下来，更可以帮助你们集中思维复习。如果你们有谁想要的话，可以到我这里领取！”

这样的“好”药有谁不想要呢？话音刚落，果然有好些同学争着向我要，二十个纸包“一抢而空”。

第二天早锻炼结束后，我没有忘记去问问他们“效果”如何。小Z说服后感觉不错。小W说心里果然舒坦多了，大家七嘴八舌地争着向我汇报“效果”。我心里偷偷地乐了，当然脸上还是表现出一片平静，这个小秘密可不能告诉他们。我高兴地告诉他们要继续到我那里去领药。

六月十四日下午，中考最后一场结束的铃声响起时，我静静地坐在办公室里，心里却是等不及了，我要把这个“秘密”公布于众。走进教室，同学们叽叽喳喳闹成一片。望着他们轻松的神情，我疾步走到讲台上，大声地说：“同学们，今天我要给大家揭开一个谜底。”“什么谜底？”同学们被我的声音吸引过去了，教室里顿时安静了下来。

“前几天，我给大家吃的那些药是假的，其实是维生素C片！”

“啊？呀……”底下传来一声声惊呼，紧接着就是一阵大笑，然后又是乱成一团，“怪了，当时我怎么不知道？”“怪不得，我吃了以后也没什么感觉！”“唉，想不到被老师骗到了。”看着同学们议论纷纷，我也忍不住笑了。看见我笑了，同学们的笑声就更响亮了。

没多久，捷报传来，我们班考上省级重点中学的人数有33人，学校与家长对这个成绩非常满意！

我不敢说全是这瓶“灵丹妙药”的功劳，但它使部分倍感压力的同学稳定了情绪，发挥了自己的正常水平。

【故事启示】

古训云：“师者，所以传道受业解惑也。”教师不仅要传学习的“道”，解学业的“惑”，更要向学生们传人生的“道”，解前进路上的“惑”。尤其是当学生们陷于学习或情绪的低谷时，做教师的更要多动一番脑筋，有时教师的一点支持、一种行动，会如一道灵光闪现，不经意间已引领他们走过了迷茫。

我非常佩服老师

【教师故事】

我班的欧阳沅同学头脑聪明，尤其数学学习成绩优秀，但是自我感觉不错，因而上课不遵守纪律，常常随意插话，严重影响老师上课的进度和同学们的学习。我和科任老师经常找他谈话，充分肯定了他的数学成绩，鼓励他可以自学高深一点的数学，但不要影响其他同学学习，否则害人害己。同时，我通过家访、通电话等形式和家长交流孩子在数学课堂上的表现，希望得到家长的支持。但是几个月来，他却没有一点改进，渐渐地，不仅老师无法容忍，同学们也非常不满，有时英语老师甚至要求把他请出课堂。怎么办呢？我和其他科任老师商量，决定给他先调换一下座位，让他好好冷静一下，让受影响的同学尽量少一些。

那天举行完升旗仪式，同学们回教室准备上课。我走进了教室，下达了我们的调位计划。我的话刚一出口，欧阳沅便表现出一副非常不满的表情，坐在座位上，没有动静。于是我提高了嗓门再次发话。他才勉强站起身来，收拾自己的书包，同时嘴巴里嘟囔着什么。我没法听清，但我和同学们都能推断出他吐出的是脏话，旁边的同学便站起来说："老师，他骂您！"我听了当然很生气，但是很快压制了心中的怒火，装作若无其事的样子开始上课。

下课了，我找欧阳沅到办公室谈话。同学们说这下欧阳沅没好果子吃了。但是我没有批评他，责怪他，而是和他一起分析他爱插话的原因，最后他居然说是因为他举手了可是老师不点他回答问题。看来他还没有认识到自己的问题。我想：今天，就让他把自己要说的话统统从肚里倒出来，我就当一次他的忠实听众。他还向我提出了几条意见，说我有时也不点他和几个爱发言的同学回答问问。于是我一一向他讲明了老师这样做的理由，他才心服口服。进行了一番交谈后，我真诚地向他表示歉意，认为自己和他交流不够，应该多听一听他的心声。在我的真诚话语中，欧阳沅同学主动向我道歉了，说今天不应该骂老师。我说："你骂了老师，老师不会和你计较。让老师高兴的是你今天能够说出自己的真心话，与老师进行沟通，让老师能够很好地了解你才是最重要的。"听到这里，他表示自己以后一定改掉上课插话的坏毛病，然后高高兴兴地离开了办公室。

在以后的一段时间里，老师和同学们都觉得欧阳沅有了很大进步。在他的周记中他这样写道："没想到，老师没有批评我，反而虚心地听取了我提出的意见，我非常佩服老师。"

【故事启示】

师生之间经常会产生一些大大小小的矛盾。随着年龄的增长，他们的个性在逐步增强，见识也随之增长，不再像从前那样盲目地崇拜老师和听老师话了，他们不仅有自己的见解和主张，还有很强的自尊心。教师不可能把自己的意见强加于他们，也不可能简单地规定不准干什么和不许怎么样，更不能对他们加以呵斥和责骂，否则只会招来反感和叛逆。在教育学生的过程中，教师要善于控制自己的情绪，了解事情原委并温和地引导，既维护学生的自尊又做到趁热打铁，使学生心悦诚服地接受批评且改正错误。现代教育理念推崇平等的师生关系，我们应该更多地贴近学生，在相互理解和信任的环境下实现教育的目标。

“野蛮女孩”的闹剧

【教师故事】

早晨7点钟，同学们都在安静地上着自习。突然，两名“野蛮女孩”破口大骂，大打出手。在座的所有同学不知所措，此时的班级显得格外地寂静。我定睛一看，是坐在第一排的女生黄黄和佳佳。她们俩一直是我心目中非常优秀的学生。我无法想象她们会大打出手，是什么让她俩失去了理智，变得如此野蛮？班长和我将她俩拉开之后，我把她们带到办公室。

在办公室里，我首先让她们各自陈述原因。她们各说各的理，互相指责。一个说：“她先打我的，我才动手的。”另一个说：“是她先骂我的，我才打她的。”你一句，我一句，争吵得没完没了。我非常气愤地将她俩制止，并要求各自写清事实的经过，如果两人所写的事实吻合，再作进一步处理。

黄黄性格外向，善于表达，奋笔疾书写完了事情的经过。下面是她的陈述：“冰冻三尺非一日之寒”，事情的发生主要是由于我们俩的学习习惯不同，我习惯用书写、口说、笔记来学习，有时嘟囔，我的同桌是一个喜欢安静的女生。有一天早晨，我刚迈出教室一步，便传出一声大骂。我转身进屋，问：“你骂谁？”她便说：“我骂你了吗？”我生气地说：“女生怎么能这样？”她说：“我怎么了呀？”我以沉默化解了这次矛盾。今天的矛盾是在上次矛盾基础之上发生的，以我“故意”吹眼镜为由，她拍案而起，出言不逊。我很生气，与她争吵，彼此大打出手，影响了班里正在自习的学生。希望老师加以解决，评判是非。

佳佳性格内向，哭个不停，只写了几个字。她这样写道：起因：我嫌她吵我。经过：我打她，然后吵起来。解决：我道歉。此时已经是7点40了，马上就要上第一节课了。我不忍心让她们耽误上课，便说："你们俩先上课，午检再做处理。"

我仔细地阅读她俩的陈述后，决定让她俩分别写一份检讨书，并让她们在班里做深刻检查。午检时间，佳佳首先在前面检讨，她低着头，含着眼泪承认了自己的错误，认识到自己处理问题的方法不当，影响了同学们上早自习，也影响了班级的团结。黄黄也阐明了她俩产生矛盾的原因，也认识到自己处理问题不够冷静，请老师、同学原谅。

对于两个学生的帮助教育，我采取不同的方式。黄黄同学性格外向，经过一次批评教育后，她能很快地调整好自己，进入正常的学习状态。而佳佳同学性格内向，批评教育后，她将需要一段较长的时间调整自己，才能进入正常的学习状态，因此，我给予她更多的关注。

我在午检处理这件事时，告知全班同学："小孩子做事，先做后想，甚至不想；大人做事，应该先想后做。"让每一个同学明白他们已经不是小孩子了，凡事应该三思而后行。让大家记住，忍一时，风平浪静，退一步，海阔天空，并鼓励他们逐渐把自己培养成为具有博大胸怀、完善个性的博学优雅的人。

【故事启示】

世界上找不到两片完全相同的叶子，面对千差万别、性格迥异的学生，了解学生是教育好学生的前提，不了解学生，抓不住学生的特点，就谈不上"对症下药"。针对学生不同的特点，对同一问题的处理，用不同的教育方法，更是解决问题的关键，正所谓一把钥匙开一把锁。

教师在这两个"野蛮女孩"的处理上，有一个非常值得称道的做法，就是不仅解决了两个同学之间的矛盾，还能根据学生的不同特点，采取不同的教育措施，让两位同学都能够欣然接受，让矛盾过去。在问题处理后，仍给她们以不同的关注，这体现出教师对学生的成长过程的全面关注，是教师高度责任感的表现。

此外，教师并没有把“野蛮女孩”的处理仅仅作为个别事件，而是以这样的事件为一个教育契机，培养全体同学“礼让、包容”的美德，引导他们掌握换位思考的方法。这些都是值得学习的。

协调·沟通

教师做学生的朋友，这意思并不只是跟他们一起到树林里去，坐在篝火旁吃土豆。真正的教育者跟学生有许多东西可谈，这样学生才会珍惜跟老师的友谊。

——苏霍姆林斯基

“坏学生”班主任

【教师故事】

从师专毕业后的我被分配到了一所“三类学校”，正确的叫法是“基础薄弱校”，即“薄弱”的校舍、操场、师资、生源。“薄弱”的结果是，该校连续数年在全区中考成绩排行中倒数第一。

1995年秋，24岁的我成为这所中学初一（5）班的班主任。

开学的第一天，全班同学竟没有一个戴校徽的，认为那丢人现眼。我告诉学生们：“我就是这所学校的毕业生。”学生们都愣了。

我知道，要让这些“姥姥不疼舅舅不爱”的学生找回自尊，找回对自己、对他人、对社会的信心，不能仅靠成绩单。那将是一场艰苦的较量，首先是与旧的自我的较量，其次是与周围的环境的较量。

在班里，有两名学生持有“智力障碍证明”。然而，经过反复测试和交往，我发现事实上他们只是反应慢一点儿，小学的知识基础薄了点儿，而仅凭这就认定孩子存在智力障碍，这令我痛心疾首，这是“大人们太不负责了”！

“你那证明在我这儿可不算数，别忘了，上课时我可要提问你的！”

结果，这两个学生不仅学习成绩很快上来了，而且在课堂上积极举手发言，课下，他俩还常提醒我：“您上节课怎么没提问我？我早做好准备了。”

一次，学校进行广播操比赛。我坚持让全班每一位同学上场操练。有的班不是全体上场，而是留下几个体胖的、动作不协调的、反应慢的学生当观众。轮到我们班做操时，个别同学的动作招来全校一片笑声。结果可想而知，我们班得分全校倒数第一。

我没有批评任何一位学生，因为，所有的人都尽力了，他们就是这样的成绩。然而，全班同学都哭了，哭过之后又笑了，他们认为他们拥有一个真正关爱他们的老师。他们更同情别的班级那些被剔出来只配当观众的同龄人，没有人站在那些孩子的位置上想一想，这些孩子的心里多难受！

其实，我嘴上说不在乎名次那是假的。私下里也有过思想斗争，要不要让那几个姿势难看的学生上场？事后，我很庆幸自己的选择。我成天教育学生要尊重别人，到关键时刻我可不能为了分数、排名，置学生的自尊心于不顾。否则我这个老师在全班同学心目中的形象就会一落千丈，同学们会以为我以前讲的全是骗人的！

初一时，有位科任老师占了我们班一节体育课，学生们很不满意。体育委员提出自己带着同学上一节体育课，我没有同意。可上课铃一响，学生们还是被体育委员带下了楼，把科任老师晾在一边。

这回，我很生气，当时就想下去把学生们揪上来。但稍一冷静，我并没有下楼，而是赶到科任老师的办公室去做解释工作。当学生们满头大汗兴高采烈地回到教室时，我没有马上批评全班同学，而是在不久后的一次班会上让大家讨论：自尊心与遵守老师的安排及学校纪律之间的关系应该怎么协调？在占用体育课这件事上，作为体育委员，可不可以有一种更好的解决方法？

这件事，让我和同学们都学到不少。

初二下学期，我们班上来了几位“蹲班生”。其中一个女孩，头一天进教室时就摆出一副满不在乎的劲头，晃着肩，书包甩在身后，脸上化着浓妆，不屑地掠过老师，又用眼睛大胆地一一扫过全班同学——这时，教室静悄悄的，大家都愣住了。他们都听说过关于这个女生的传闻。

我没有给她个“下马威”。头一次和她谈话，我说：“你很漂亮，还挺会打扮，什么时候教我几招。”女孩子的敌意一下子就没了。后来在周记本里，我除了指出她最近的进步和不足，还写了一句：“我脸上老长痘，有什么好办法？”

一周后，周记本上女孩工整地写着答案：“治痘秘笈：每晚睡觉前用牙膏涂抹。”

又过了一周，女孩看到发下来的周记本里的评语：“谢谢你的偏方，我试了，还真管用。”

后来，女孩和我竟然成了无话不说的朋友。我对她说：“我认为女孩还是往可爱上打扮比较好。”不久，女孩把自认为很“酷”的头发剪了。我又说了：“青春期的女孩穿太过紧身的衣服对身体有害。”从此，女孩天天穿校服上学了。初三时，女孩入团了。

还有一回，劳技课老师收课堂用具时发现少了两套，他把这件事告诉了作为班主任的我，让我到班上查是谁偷的。

全班同学都知道劳技课老师已经非常生气了，现在看到班主任又来了，如临大敌，气氛凝重。可是，我只是若无其事地讲了几件别的事，同学们的心渐渐地放下来了。临走时，我好像刚想起来似的随口说：“忘了交劳技课用具的同学待会儿到我那儿交了吧。”

我回到办公室，几双眼睛同时看着我。“逮着了吗？谁偷的？”我都不知道该说什么好。一会儿，两个学生站在门口怯怯地说：“刚才老师说收用具时，我俩光顾着说话，没听见。”

慢慢地，我们班成了全校学生都羡慕的“天堂”，因为，在大多数班级里普遍存在的因成绩、家境等因素的彼此歧视，在我们班没有“市场”。校长也对我们班刮目相看，因为，我们班从没有出现过考试作弊现象，尽管我们班的成绩在全年级并不突出，有些科目还倒数。但班里的学生们都认为作弊是自我侮辱。

【故事启示】

“差班”不可能先天就差，它存在着太多的人为因素。班主任的任务就是通过自身的努力缩短“差班”与优班的差距，关注每一个学生的发展，从而让

"差班"的学生也能充满幸福感地学习和生活。当被安排去教"差班"时，班主任需要从以下几个方面着力，尽快步入工作正轨。

1. 调整心态，用积极的心态去迎接新的挑战。

良好的心态是事业成功的保证。没有一种对事业的执著追求，想要取得成功，那是痴人说梦。不良的情绪，不仅会让自己感到沮丧，而且会影响到对学生的态度和教育。我们每天面对学生的时候，都应该暗示自己：今天你微笑了吗？这种心态会让你尽快融入班集体之中，而这正是做好"差班"工作所需要的。

2. 想方设法，用先进的方法去带好所谓的"差班"。

所谓的"差班"，无外乎学生有着这样的几种表现：学习差、纪律差、品德问题。学习差——这是老师家长最敏感的话题；纪律差——你的话是否让学生心悦诚服；品德问题——慎用一个"差"字。

从教学的方面讲，不同的学生我们要用不同的方法对待；从学生学习现状来讲，针对不同学生客体应该采取不同的指导方法。教师要熟知每个学生的潜能，充分发掘他们学习上的优势资源，这样有利于树立学生的自信心，进而弥补他们其他学科的不足。每一朵鲜花都有盛开的理由，作为班主任，有责任将每一名学生的潜能挖掘出来，教给他们适合自己的学习方法，寻找属于他们自己的优势空间，让每一名学生品味成功的喜悦。

在德育方面，需要摒弃简单的说教，把先进的理念落到实处。要严中有爱，以真情感化学生。通过自己的言与行让学生感到你是那么的亲切，对他们是那么的爱护和宽容。例如，在对犯了错误的学生的处理上，不少年轻班主任一般只有严厉而缺乏宽容。其实，教师尤其要宽容那些犯了错误的学生。对待犯了错误的学生，教师必须有一个正确的态度。教师必须懂得，面对学生的错误，任何简单的责骂、鄙视和讽刺只会把学生往错误的悬崖上推进一步；相反，如果学生体味到你的批评中蕴涵着对他由衷的爱和殷切的期望时，那他就会很乐意地接受你的批评。当然，教师对学生的错误必须提出严厉的批评，但必须有一个科学的方法。教师要学会批评中的"肯定"，肯定学生错前的"好"，肯定学生错中的"对"，肯定学生错后的"悔"。教师应该知道，对犯了错误的学生多一份肯定，就多一份对他们的尊重，多一份对他们的理解，多一份对他们的关爱。当然，教师对犯了错误的学生的宽容，绝非对他们所犯错误的姑息、迁就及无原则的纵容。这种宽容，应该体现在对他们“严中有爱”的感化中，体现在对他们“春风化雨”“润物无声”的教育艺术中。

“差班”的学生很容易自卑，教师对学生的放弃会让他们选择自我放弃。教师要用伯乐的眼光去发现他们的闪光点，教会学生学会欣赏，对他们充满信心，千方百计给他们在集体中或其他活动中表现的机会，让这些自卑的学生明白自己也是一只能发光的“萤火虫”，使他们的个性得到充分的张扬和发展。

3. 及时沟通，用班级的进步去争取领导的支持。

学校领导的关心和鼓励，对教师来说是一种巨大的工作动力。教师要善于把自己的工作设想与领导及时沟通交流，尤其是初教“差班”时，面临着学生这样那样的问题。这时，要让领导充分信任自己的工作能力，把自己的想法和做法随时与领导沟通，听取领导的意见和建议，形成教育合力，共同把班级建设好。

总之，用人文性的管理，努力把“差班”带成好班，这应该是为师者的良好愿望和至高境界。我们带“差班”的教师所从事的工作是艰辛的，但要相信“苍天不负苦心人”，“差班”也会创造奇迹。

关注每一个孩子

【教师故事】

我清楚地记得来实验学校参加工作的那一年，我接手一个新班。听原班主任介绍，这班孩子性格活泼，讲义气，集体荣誉感很强，成绩在整个年级中排名中等，但是，也有几个特殊学生让人头疼，难以转变。开学不久，有一次，我叫科代表把作业本发下去，科代表又把作业本分派给几个组长帮助发。组长按照惯例开始有秩序地给同学们分发作业本。作业本很快发完了，我刚准备给同学们布置作业。忽然，班上的陈悦站起来说：“老师，我没有作业本。”我说：“刚才发的作业本，怎么会没有你的呢？”刚一说完，一个同学说话了：“老师，她的作业本掉在地上了。”我叫她捡起来，然后开始布置作业。

过了两天，又到做作业的时候了，没想到同样的事情又发生了。我没多想，认为发作业本时掉在地上是常有的事。可是，后来每次做作业，都是她的作业本掉在地上，我感到事情没那么简单。于是，下课后，我找来陈悦调查这件事。果然如我所料，我从陈悦口中得知作业本确实是班上的同学故意扔在地上的。“怎么会发生这样的事呢？”陈悦委屈地说：“我也不知道，每次发作业本都是这样，其他作业也是一样。”看来要好好调查一番。

我找来班上的“小干部”，一一进行询问，经过深入调查了解，事情有了结果，这还得从陈悦这个孩子说起。陈悦是个比较活泼的小女孩，平时表现一般，有时做事比较拖拉，养成的习惯比较差，据说以前经常被老师批评。特别是在四年级的时候，有一次她偷了老师的MP3，被同学们知道后，大家就开始瞧不起她，甚至讨厌她。这种情况一直持续到现在，班上的同学，特别是男生见到她都像见到瘟神一样躲得远远的，甚至她的东西他们都不会碰一下。后来就出现了“丢作业本”事件。

这样下去怎么行？一定要想个办法来解决。不然，陈悦的自尊心会受到多大的伤害，班里其他孩子的思想行为也将因为这件事情受到影响。在班主任工作中，要注重培养健康、正确的集体舆论，重视优良班风的形成。

事不宜迟，我马上想到了班上的女生，这件事情应该先从她们开始。为此，我专门召开了女生会议，没想到女生的反应比我想象中的好多了，她们其实从心里是同情陈悦的遭遇的。有了老师的支持，她们纷纷表示要尽力帮助陈悦。班上开始见到女同学和陈悦一起读书、学习，下课一起做游戏。班上的男生也开始有所察觉。我又找来班上威信比较高的班长，让他来带领班干部转变这种不良风气。一次班会课上我专门开了“学会宽容，尊重他人”的主题班会，会前我让陈悦给班上同学写了一封信，信中写出了陈悦的感受和期望，我对这封信做了精心指导。班会课上，陈悦动情地给大家读了自己写的信，读着读着，她禁不住大哭起来。我分明看到部分同学脸上深受感动的表情。后来，我又针对班上的一些问题给同学们上了一节生动的心理辅导课，在我的引导下，在几位班干部的发言后，曾经轻视过陈悦的男生竟然上台给陈悦诚恳地道歉了。

不经历风雨，怎么见彩虹。班会课后同学们的思想行为有了很大转变，班上同学之间的关系也越来越融洽了。

【故事启示】

学生在学校最需要的是教师的关爱，为了学生能在阳光下健康成长，为了学生一生不留下任何心理障碍，作为一名教师，应该尽自己一份爱心，去关注每一个学生的成长。

一个教师是否爱学生，是师德最集中的表现。教师在爱学生方面主要表现为：从多方面去关心每一个学生，不只从学习上，而且从思想、生活的各个方面；十分重视保护学生的自尊心；注意尊重学生的人格；强调对每一个学生负责；重视激发学生的进取心；严格要求学生，严也是爱，做到严而有度。教师要热爱学生，这是师德的核心。教师对学生的爱，是一种只讲付出不计回报、无私、广泛的且没有血缘关系的爱。这种爱是神圣的，是教师教育学生的感情基础。学生一旦体会到这种感情，就会“亲其师”，从而“信其道”，也正是在这个过程中，教育实现了其根本的功能。

善用集体舆论

【教师故事】

我们班有一位男同学，头发总是比较长，与学生的身份很不相称，也与班级氛围格格不入。我经常提醒他去理发，周日返校一看，头发似乎已经剪过，但又没有大的改变，还是比较长。原来，他认为长发能够显示自己的个性，很潇洒，并且认为自己的头发发质太硬，如果剪短了，容易翘起来，很难看。因此，每次理发时，他总不让理发师多剪一点儿。

孩子有自己的审美观，如果强行要求他按照老师和家长的意愿去做，很容易使其产生抵触情绪，毕竟头发长一点儿是小事，如果影响了他的自尊心，可就成了大事。

那么，怎么办呢？

马卡连柯曾说："集体的舆论力量也是一种可以感触到的教育因素。"这句话提醒了我。我们经常可以见到许多学生有了过失和错误，老师怎么批评，他都不接受，而一旦集体舆论对他进行了谴责，他就会害怕集体不接纳他，从而改正自己的行为。正确的舆论是班集体不成文的言行规范，是学生自我教育的手段，也是形成和发展班集体的巨大力量。班集体的舆论、同龄人的意见，对学生产生的影响，往往比班主任个人的力量大得多，有效得多。

在一次班级活动中，我让学生讨论：学生应该有怎样的形象？怎么样称得上"帅"？同学们讨论得非常激烈，大多数意见都很正确。我又让那位顶着一头长发的男生发表意见，他大概知道了自己的形象比较“另类”，红着脸，不出声。于是，我让其他同学对他的形象评论一下并提出改进意见，大家一听，哈哈大笑，七嘴八舌地议论开了，主要意见都集中在他的头发上，那位学生摸着自己的头发，非常难为情。第二个周日，一个非常精神的短发“小伙子”出现在大家的面前。

【故事启示】

在班主任工作中，要注重培养健康、正确的集体舆论，重视优良班风的形成。因为，班风是一个班级集体的作风，它是一个班集体中大多数人的思想觉悟、道德品质、意志情感、精神状态的一种共同表现倾向。班风发端于舆论的形成，一个班集体的舆论持久地发生作用，就会形成这个班级的班风，而优良的班风又能促成舆论的正确导向。

运用集体舆论手段时，也要注意因人、因时、因地制宜，不能滥用，因为学生毕竟还是孩子，思想大多比较幼稚，许多言论并不正确，如果不加以引导，一味让他们发表意见，可能适得其反。

在班级建设中，不妨适当地运用集体舆论导向来帮助我们开展工作。

"犟牛"不再牛

【教师故事】

开学初的一天晚上，学生宿舍熄灯后不久，我按惯例去巡查宿舍，刚走到宿舍楼，就很清楚地听到我班学生刘浩霖和孙文强大声争吵的声音，尤其是刘浩霖连叫带骂。

我一股怒气冲上脑门，打开宿舍门一进去就直接"训斥"他们，还准备分开他俩，让孙文强搬到六楼宿舍，以免争执太多。没想到孙文强的情绪一下子狂躁起来，竟然冲着我大声说："我不上去！就是不上去！"我更加火冒三丈，要把他拉到一楼值班室批评教训一番。他自个儿怒气冲冲地下楼，很不情愿，又好像受了什么委屈，变本加厉地叫嚣着："我不读了！我宁愿不读了！"

从六楼到一楼，我边下楼梯边控制自己刚才发怒的情绪，我想：在这种情况下，采取训斥、指责甚至体罚的手段去对付这头"犟牛"，可能会越搞越僵，既达不到教育目的，又伤害了师生感情。

我很快平息了努气，对这件事进行了深入调查了解，综合各种原因，又经过生活老师的配合教育，当晚刘文强就向我表示赔礼道歉，承认刚才态度不好，顶撞教师，对老师不尊重。第二天，他还写了检讨书，我这才松了一口气。经过后期跟踪观察教育，他改变了许多，课堂、课后很少违纪，学习成绩也有所提高，对我也谦和了起来。

【故事启示】

像这种一开始对批评教育和学校纪律消极、抵制甚至藐视对抗的学生，自然不会像老实听话的学生那样受教师欢迎。

孙文强同学产生逆反心理的原因在两个方面：

一是主观方面，中学生正处于青春期的“过渡期”，其独立意识和自我意识日益增强，性格偏执，喜欢与人争论，喜欢怀疑或攻击别人，于是产生了利用各种手段、方法来确立自我与外界对立的倾向，以此来维护自尊。

二是客观方面，教育者的可信任度、教育手段、方法、地点的不适当，往往也会导致负向逆反心理。我们在遇到学生违纪时应事先调查，认真分析。一般说来，若批评学生不公正，不能一视同仁，甚至错怪了学生，就容易引起学生的不满，进而顶撞老师。如果老师态度生硬，对学生批评过火，或者不看时机、不分场合地批评学生，挫伤了学生的自尊心，也容易引起学生的顶撞。

逆反心理作为一种反常心理，虽然不同于变态心理，但已带有变态心理的某些特征。其后果是严重的，所以必须采取有效的对策来克服和防止其发生。只要教育者注意方法，就能消除和减少逆反心理的消极影响。与此同时，又不能迁就这类学生的不合理要求和不良行为，以防他们总是用反抗的方式来要挟教师和父母。

预防和消除“反叛”学生逆反心理的教育策略有：

1. 提高教师自身素养和教育艺术水平。

“反叛”学生逆反心理的形式，很多都与教师的教育教学的方式方法不当有关，因此，教师要着力于提高自身素养，包括心理素质、教育教学业务能力、职业道德水平等。教师对“反叛”学生实施教育，要具备良好的教育心态，要把关心、尊重、爱护学生放在首位，把学生置于与自己平等的地位。在学生出现过激行为时，教师要学会控制愤怒的情绪，善于运用教育机制和教育策略，巧妙化解师生冲突。

2. 教育策略上要循序渐进，切忌急躁冒进，尽可能避免师生产生对抗情绪。

面对学生的顶撞，教师需要克制、忍耐，即使学生认错态度不好，故意顶撞教师，教师也要冷静沉着，泰然处之。否则，针尖对麦芒，势必“两败俱损”，破坏了师生感情，使矛盾更加激化。俗话说：“退一步，海阔天空。”教师应有博大的胸怀，要宽容对待“顶牛”的学生。

3. 为“反叛”学生创造良好的教育情境。

一是创建良好的班集体，培养健康向上的班风学风，充分发挥集体规范和正确舆论的导向作用；二是积极推进班级管理和教育方式的民主化，充分发挥“反叛”学生自主管理的积极性；三是开展丰富多彩的活动，针对“反叛”学生的特点，让他们在集体活动中展示才华，修正品德，形成良好的心理素养。

4. 注重对产生负向逆反心理的“反叛”学生的疏导工作。

抓住最佳时机，针对学生的思想问题，进行耐心细致的教育，使之改变认识，改正错误。教师对学生宽容，决不等于姑息迁就，放任自流。宽容学生的目的还在于给学生留有思考的余地，给学生自我反省、自我教育的机会。因此，在避开学生的锋芒之后，教师要特别注意观察学生的心理状态，善于选择有利于学生悔过认错的教育时机，采取和风细雨、以理服人的方式，耐心细致地摆事实、讲道理，促使学生转变思想，提高认识，使学生在自我愧疚、自我谴责的心态中接受教育，改正错误。

赏识学生多鼓励

【教师故事】

学生郑锐颖在开学的第一天，就凭他的“伶牙俐齿”最先引起我的注意。接着他还欺负女同学，在班里将碎纸片来一个“天女散花”。

记得一次集合排队，我让学生集合排队时做到“快、静、齐”，故而学生总会有所碰撞，尽管这些碰撞是极轻微的，但每次只要有人撞到他，他马上会狠狠跺人一脚。他存在一种偏激的对抗心理。对此，我教育他，也批评他，但收效只是暂时的，过不了两天他又开始故态复萌。

无奈之下，我尝试用赏识的眼光从他身上挖掘闪光点，并及时表扬。我发现他是一个很聪明的孩子，上课爱发言，口头表达能力极好，想象力也很丰富。对此，我经常在课堂上表扬他，并让他当小组长。在劳动时，给他布置一些任务，信任他。当取得他的信任后，我有意无意地找他谈心，在肯定他的优点和取得进步的同时，也提出了期望。希望他善待他人，和同学们做朋友。总之，只要遇到机会，我都会表扬他的点滴进步，慢慢地，他改掉了打人的恶习，变得讲文明、求上进了。虽然他仍然有些反复，但我坚信，只要用满腔的热情去赏识他、鼓励他，一定能够融化坚冰，当然这将是一个长期的教育过程。

【故事启示】

“经常给学生一张笑脸，让每个学生从中感到温暖。”这是教师走进学生心灵世界的法宝。一位教育家曾说过：“老师应把爱心分给每一位学生。”在自己心中应当有每个学生的欢乐和苦恼。教师多用爱的甘露去滋润每个学生的心田，学生才会心甘情愿地围绕在教师的身边。而教师对学生的爱应该体现在赏识每一个学生，多鼓励他们，使他们在细微中见真情。

一次劳动

【教师故事】

一天，学校临时决定大扫除。为了不影响学生学习，我只是安排了当天的值日生和四个平时较能干的学生进行打扫，其余学生全部在教室自习。

上课铃响了，值日生陆续走进教室，我示意他们拿起书来进行朗读，因为星期五班里要进行朗读课文比赛。环顾四周，我发现还差两个学生：郭泽锋和郭泽鑫。值日生告诉我刚才他们还在楼下捡垃圾。我赶紧让值日组长去包干区找，结果没有。我又让同学仍去操场上找，结果还是没有。我有点儿担心了。

此时，学校广播中又在强调大扫除的事。我临时又安排了两位同学去捡包干区的落叶和垃圾，其余同学仍留在教室继续读书。两个调皮鬼哪儿去了？我到校园去找他们，望着校园内忙碌的学生，就是不见他俩的身影，我更着急了。

这时，从楼下传来了郭泽锋的声音：“郭泽鑫，你……”我循声望去，只见他们俩正拿着废纸篓大摇大摆地走上来。我厉声问道：“你们两个人到底去干什么了？”郭泽锋望着我，解释道：“是那个班的老师让我们帮她打扫办公室的……”他眼神里充满了自豪。还没等他把话说完，我就大声地斥责他们，不给他们解释的机会，两个孩子都无辜地低下了头。

数落完了，想到学生没出什么事，我心里舒服了许多，毕竟学生的安全是最重要的。但两个孩子的头却一直没有抬起来，原先的一股自豪劲儿也没有了，低着头拿着废纸篓进了教室。望着他们的背影，我后悔刚才对他们大声责怪了。

毕竟学生是无辜的，也许他们还希望得到我的表扬，要知道他们可是在助人为乐啊！他们积极地帮老师打扫，是没有错的。如果说有错，那也只是没有向我这个班主任及时报告而已。现在，他们非但没有得到表扬，还被批评了。如果每次助人为乐都受到这样的批评，学生以后还敢去帮助他人吗?

为了不伤害他俩的积极性，事后我在班里及时地表扬了他俩，夸他们爱劳动。不过，我还是没忘记提醒所有的孩子，以后如果遇到类似的情况，在家要与父母打声招呼，在学校也一定要与老师说一声。只见他俩使劲地点着头，脸上又露出了灿烂的笑容。

【故事启示】

孩子毕竟是天真的。他们所需要的，是我们正确的引导和鼓励，而不是随意的责怪。看似漫不经心的责怪也许会泯灭孩子善良的天性，会打消他们的积极性。所以，教师应该做的不是指责学生这里不对那里不对，而是对其进行鼓励和指引，使他们不断完善自己。

转化学困生

【教师故事】

我班有个学生叫小刚。高一第一学期时，他上课要么扰乱他人学习，要么情绪低落；下课胡乱打闹，与同学相处经常闹矛盾，同学们都嫌弃他；不做作业，各门功课测试都不及格……每天不是科任老师就是学生向我告状。他是年级有名的“捣蛋鬼”，真让我头痛。于是，我找他谈话，希望他在学校遵守各项规章制度，以学习为重，自我调节，自我改进，做一名合格的中学生。但经过几次努力，他只在口头上答应，虽然也有几次痛哭流涕，表示要痛改前非，但行动上却毫无改进。高一第一学期期中考试各科竟然都不及格。看到他不思进取，我的心都凉了，算了吧，或许他就是那根“不可雕的朽木”。不理他的那几天，他便变本加厉地闹起来！此时，我觉得不能再逃避，必须正视现实！我心一横：我不改变你，誓不罢休！

为了有针对性地做工作，我决定先和家长联系，进行详细了解，然后再找对策。我在注册本上找到小刚家的电话号码，但拨过去竟然是空号，最后通过其他途径，我才终于和他叔父联系上了，通过其叔父的介绍，我大吃一惊：原来，几年前他父母离婚，他的母亲改嫁，他父亲长年在外打工供他上学。平时他一个人在家，养成了很多不好的习惯。了解到这个情况，我内心久久不能平静，像打翻了的五味瓶！这样的孩子我必须得把他转化过来，不能让他误入歧途。于是，转化他的行动悄然开始。

我首先设法接近他，清除隔阂，拉近关系。经过观察，我发现他喜欢打乒乓球。打乒乓球不正是我自己擅长的吗？于是到了课外活动时间，或者他们上体育课时我常去打乒乓球，这样，我们常一起打乒乓球，我给他讲打乒乓球的技巧，并提示他多参加有益的文体活动，这样对身体有好处。通过几次的接触，我与他慢慢交上了朋友。

后来，我便加强攻势：一边与他打乒乓球一边与他交流讨论生活，进而讨论学习。我不动声色地教他遵守纪律，尊敬师长，团结同学，努力学习，做一名好学生。在路上遇到他，我会有意识地先向他问好；只要他的学习有一点儿进步，我就及时给予表扬、激励，使他处处感觉到老师关心他、信任他。他也逐渐明白了做人的道理，明确了学习的目的。经过我半学期的努力，他上课开始认真起来，作业也能按时上交，一半学科的成绩都能达到及格，与同学之间的关系也改善了，各科任老师都夸奖起他来。

趁着良好势头我不断加强巩固，高一第二学期，我安排班长和学习委员与他交流讨论学习、生活。通过老师和同学几个月的共同激励、启发和帮助，奇迹出现了：早读及自习课，他不仅自己遵守纪律，还监督那些不遵守纪律的同学。于是，我试着让他当值日生。果然，在他值日那天全班纪律特别好。在良好的纪律保证之下，他的学习成绩得到了迅速提高。到了高二，我刚好又当他的班主任，开学之初他主动找到我表示这学期他将更加努力学习。这个学期他被评选为纪律委员，在他的努力下，这学期我班的纪律更加良好。老师、同学都向他投来赞许的目光。

看着他上课聚精会神的神态，看着他课外活动时间仍然与学习委员一起钻研难题的影子，看着他准确工整的作业，看着班上黑板报里他的笔迹，看着他劳动时大汗淋漓的样子……我会心地笑了起来。在以后的日子里，经过我和其他老师的不断努力，他已被转化为各方面都不错的学生。

【故事启示】

这则故事值得我们去思考的有以下几点：

1. 先问“为什么”，而不是“怎么办”。

遇到问题第一反应是怀着好奇心问：“这到底是什么现象？为什么会出现这种现象？”这种反应导向冷静、导向询问和研究，有利于问题的解决，而且对教师的心理健康大有好处，所以教师要激发和强化自己的认知欲望，不要觉得自己了解学生，其实很多教师并没有走进学生的心灵世界。故事中的教师要是不主动去调查小刚的家庭状况，对小刚只是简单的处罚，久而久之，他可能就走上另外一条道路。如此，我们面对问题，第一反应应该是充满探索精神的“为什么”，而不是情绪主义的“义愤填膺”和管理主义的“怎么办”。

2. 以人为本，倾注师爱，尊重每一位学生。

“以人为本”是对每一位教师的基本要求。教育是心灵的艺术。如果我们承认教育的对象是活生生的人，那么教育的过程便不仅仅是一种技巧的施展，而是充满了人情味的心灵交融。我们需要耐心、爱心。对于小刚这样特殊家庭的后进生，教师应放下架子亲近他，敞开心扉，以关爱之心来触动他的心弦。

3. 良师益友，宽容以待。

教师应是学生的良师益友，应以宽容之心对待自己的学生。在中学群体中，绝大部分学生不喜欢教师批评自己的时候太过严肃。古人云：人非圣贤，孰能无过？故应“宽以待人，容人之错”。暂时性的容忍、宽恕学生的错误，采用灵活委婉的方法去教育他，鼓励他，既保护了学生的自尊心，又促进了师生的情感交流，在转化后进生工作中就能达到事半功倍的效果。

"问题学生"需要什么

【教师故事】

面对成绩不好，仍然执迷不悟、一错再错的学生，老师很容易冲动。有时候，一句批评不慎之词，会导致师生关系恶化，后续教育难以进行。所以，把握分寸，以心换心，是老师要练的"硬功"。

学生元元，小学由于身体不好且好动，学习基础几乎没有，学习成绩很差，但他个性很强，好面子并且执拗。到初中后，由于学习能力差又缺乏自制力，他上课常讲"小话"，没少挨老师批评。

一天，上语文课时，一个学生干部突然跑到办公室来，上气不接下气地说："铁老师，不好了，元元上课讲话，挨了田老师的批评，他不服，当众与田老师顶撞起来。田老师叫他到办公室来，他不听，现在弄得教室充满火药味，没法上课。"我一听，当即冲到教室，将这家伙"请"到办公室，不由分说地训了他一通："别人在干什么，你又在干什么？违反了纪律，还不许老师说你，谁给了你这么大的特权？你是哪个王爷侯爷的儿子，敢如此嚣张？"慑于我的威势，他不得不低下了倔强的头，承认自己错了，下课后还向田老师认了错。最后我告诫他，"即便老师错了，冤枉你了，你也不能当场与老师顶撞，应保留意见，顾全上课大局，下课后再找老师解释。"看着他唯唯诺诺的样子，我心想：学生还是怕"狠"的。

然而，好景不长，才过了一星期，他又和田老师在课堂上争吵起来。这次我冷静下来，意识到这件事没那么简单。我把他请到操场上，首先肯定他虽然基础很差，学习很困难，但能坚持上学，每天在教室坐七节课，从不迟到旷课，实属难得，说明他纪律观念还是很强的。然后询问他与田老师顶撞的原因，他说："我没有笔，就回头借后面同学的笔，可能说了一句话，田老师就大声吼叫，说我怎么怎么差，还说我不是来读书的，是来混日子的，我受不了，就和她顶撞起来。田老师总是盯着我的一举一动，总是抓住一点儿小事大作文章，我讨厌上语文课。"我对他说："首先要肯定田老师是把你当好学生来严格要求，希望你能学好语文，没有对你视若不见，这是对你负责任的表现；当然，学生也有人格和自尊，老师批评你的方式也不对，最好给你面子，不当众批评你。但你也要站在老师的角度上想一想，如果全班同学都像你那样，想干什么就干什么，那语文课就没法上了。"看他平静下来，我又说："老师相信你如果从头开始，认真学习，你会有进步的。如果你上课一不小心讲了小话，田老师只提一下你的姓名而不批评你，你能马上改过来吗？"我看他面有难色，就说："你不必急于回答我，什么时候能做到，什么时候再找我。"才过了半天，他又来到我面前，表示可以做到。

之后我又找田老师诚恳交谈，把这个学生的情况和想法告诉了她，田老师也意识到"差生"也需要理解、尊重和信任，意识到对"差生"的教育不能心急，当即表示愿意与我配合，共同转化他。此后田老师经常给他"开小灶"，课堂上再也没有训斥元元，元元也没再与田老师发生冲突，但他上课讲小话的毛病还时常发生，好在老师一提名，他基本上就能改过来。

我通过与他交谈，了解到他视力很差，经常看不见黑板上的字，加上有时听不懂而又无人商讨（他一个人坐），所以憋不住时就讲话。我立即把他的座位调到最前面，还调了一个成绩好的学生做他的同桌，与他结成互帮互学对子，他的学习兴趣一下子就被调动起来了，对一些简单问题，他还经常在课堂上举手发言，上课讲小话的频率也越来越低。由于体育很好，他还被同学们选为体育委员，在校秋季田径运动会上带领全班同学一举夺得年级第一名。

【故事启示】

这则故事给我们的启示是：

“差生”首先需要理解、尊重和信任。苏霍姆林斯基说：“教育是一种最为精细的精神活动，我们可以把教育者对受教育者的影响比作音乐的影响。”在这样的精神活动中，教师的每一句话都会拨动学生心灵的琴弦，无论学生犯多大的错，你说出的话都得以尊重为前提，都得入情入理，他（她）才会接受，教师的教育才能达到目的。大多数时候学生并不需要教师的责罚，只需要你给他们一点儿时间，他们就能以自己的行动证明自己原来所犯错误只是一时的。其实宽严皆误，进退两难的境地，是完全可以避免的。

其次，“差生”需要真心的关爱。要真正地转化“差生”，教师除了要转变对他们的态度外，还要真心实意地为他们做点儿事，帮他们一下，拉他们一把，给他们“特殊”关照，千方百计减少他们学习中的困难，把他们纳入到学习活动中来，防止学习上的“差生”进一步演变成品行上的“差生”，这是每个教育工作者必须担负起来的神圣使命。

教师在教育转化“差生”时要有耐心，要制订一个分阶段实施的循序渐进的方案，不要指望一蹴而就。首先要维护、激发他们的自尊，挖掘他们的亮点，长善救失，帮他们树立起做人的信心。其次，老师要对他们给予特别关注，通过各种帮教措施使他们融入到学习中来，从而避免被课堂边缘化，避免走向教师的对立面，这是素质教育的要求，也是学校、社会全面和谐发展的要求。再次，教师要冷静面对“差生”的反复，给他们冷静思考和内心冲突的时间和空间，把他们犯错误看成是走向成熟所应付出的代价。

干净的天台

【教师故事】

一次教研活动后回校，刚到门口我就被李老师拦住了，他告诉我：我们四、五楼几个班（主要是本班）长期向隔壁的医院飞纸飞机，弄得那边的天台成了一个“机场”。其实，以前我也曾发现过学生这样做，一旦抓住一个，就狠批一顿，外加检讨和一个星期“执勤”捉拿其他人。这样很管用，但也只是表面的管用，“飞行”更深地转入了地下，“机场”的飞机更多了。

于是，我气急败坏地冲回教室，破门而入，捉了一个我认定参与了的，一问，果然；再一问，还供出了另几个“飞虎队”成员，于是我又把这几个学生抓来再审。然而，其中一个学生说：“老师，说实话吧，班上大部分人都有份。”……我气极了，于是回教室发了一通火，留下一句话：“我很失望。”

下午进教室上课，我刚一走进去，就发现有一些异样，却不知为什么异样，后来才发现：教室整洁了。平时长年脏乱差的教室，如今变了，我还有些不习惯。一问，学生说是班委代表全班向我道歉，又不知如何表达，就以此为证。哦，原来如此。

下课后我直奔学校隔壁的医院，找了一把扫帚就开始打扫。植物上、地上和水沟里，整个天台都是飞机；再加上日晒雨淋，这些纸飞机有的上面爬满了蜗牛，有的烂成纸浆，极不好打扫。我用了半个小时终于全部扫完了，但半个小时中，我班学生发数学试卷，站起来了一次，就发现了我。其实我不希望这样，我希望他们老老实实上课。

一小时后我班同学说自行车棚上还有一些纸飞机，他们主动要求打扫，出于安全考虑，我没答应。

三小时后，有两个学生说要请我一起吃饭，还要向我说一些心里话，结果那顿饭是我买的单，他们的心里话也终究没说，可是还需要说吗？

两个多月以后，班级歌咏比赛上，“告状”的李老师收到了学生献的一束花和一支歌。不知道多久以后，天台上也许有尘土，也许有雨水，但没有白色的飞机，从教室的窗户看去，很干净，很迷人。

【故事启示】

这则故事给我们的启示是：

（1）一个年轻班主任在遇到班级同学的错误行为时，当即发火，这是难以避免的，但这把“火”怎么烧是有讲究的。不能因为学生的错误行为影响了班级甚至学校的形象而无限夸大，不能因为多数学生所为，而火烧连营，更不能因为批评错误行为而伤害学生的自尊和人格。

（2）这把火不能无限蔓延，班主任自己要给自己台阶下，最后一句“我很失望”实际就是班主任自我灭火的表达，它向学生转达了班主任的内心感受，让学生了解他们的行为不光是对环境的影响，也是对情感的伤害。班主任传达自己真实的内心感受比一味地对错误行为进行剖析对学生有更大的触动。

（3）“火”烧以后，班主任的处理并没有完结，所不同的是，班主任亲自打扫了天台，而不是让学生去打扫。这是一个很有亲和力的表达。一方面是担心学生的安全，另一方面是在“火”烧后，班主任以无声的行动给学生情感安慰。同时也告诉学生改正错误的第一步是弥补错误所带来的影响。

（4）“班级歌咏比赛上，‘告状’的李老师收到了学生献的一束花和一支歌。”不知道这个行动是学生自主的行为，还是班主任启发的结果，不管怎样，也许“天台”在这个时候才真正打扫完了。班主任在处理整个事件时考虑得非常周全。

苏霍姆林斯基说："要赢得学生的思想和心灵。"班主任首先思考的并不只是处理一个违纪事件，而是影响学生的思想和心灵。另外怎样"赢得"，这需要班主任的实践智慧。烧一把火是适宜的，在大部分学生长期有问题行为时，当即的一把火作为短效的制止是应该的。而班主任自我灭火的方法是表达自己的内心感受，而不是对学生的痛斥、惩罚，这是一个智慧的表达。教师因为学生的错误而有真实的情感伤害，并把这种感受传达给同学，这是让学生真诚地认识自己的问题，心有愧疚与自责的好办法。班主任亲自打扫天台，实际也是"火"烧之后打扫学生的心灵，急风暴雨之后有和煦的春风，以行动传达给学生改正错误、弥补错误的态度与意识，更传达的是师生之间的情感的认同——你们的错误也有我的责任。

要打扫干净一方"天台"，不仅需要班主任的爱心、耐心和智慧，也需要教育艺术。

走进学生的内心世界

【教师故事】

今年我作为高二（2）班的班主任，在开学第一课，给学生播放了一首《朋友》，然后深情地说："天底下最难得的是知心朋友，英国哲学家培根说过：如果你把快乐告诉一个朋友，你将得到两份快乐；你把忧愁告诉一个朋友，你将被分掉一半忧愁。我希望从今天开始，我们能够成为可以共享快乐、共担忧愁的朋友。"掌声响起。我接着说："因为咱们还不太熟悉，同学们还不了解我，还不一定敢当着我的面说心里话，因此我公布我的QQ号码和电子信箱地址，欢迎大家随时随地给我发'伊妹儿'，或者在QQ上留言。"

我的话立竿见影，第二天我QQ上的小喇叭在不断地闪，原来很多学生都申请加我为好友，我很开心，并一一通过，过一段时间后，我的QQ上已经有24个学生了，哈哈……有些还是我教的其他班的学生。在QQ上我和学生可以开心地聊天，因为在QQ上我不是老师的角色，而是以朋友的身份去和他们聊天。谈班里发生的事情，让他们发表自己的看法；谈生活，和他们一起分享他们的喜怒哀乐，引导学生合理地利用网络；谈理想，鼓励他们努力学习。特别是快期中考的那段时间里，我对他们进行心理辅导……我感到，我与学生之间的距离正在慢慢缩少。

令我最意外的是我班的小杨，一个被所有老师认为是无药可救的学生。最奇怪的是第一个加我QQ的就是他，在QQ的聊天中，我慢慢发觉他其实很聪明，很有想法，但是逆反心理非常重。他很乐意说自己的过去，也明白自己的不足，知道自己的错误，所以他很想去改变，但在现实中，他感到改变起来很辛苦……在网络上我适时地帮他分析，并且给予引导和鼓励。虽然成果不是很大，但是现在他有什么心事都会和我谈，我相信他会慢慢变好的。记得一天晚上在QQ上，他说了一件让我很惊讶的事情。他说："我们学校的几个学生想和其他学校的学生打架……"我问他："你不怕我和学校领导说吗？"他却只说了一句话："我信你，你不会！"他的话虽然很简单，但是我感到很满足，同时也意识到事情的严重性，及时给他做思想工作，分析事情发展的后果，后来使他们打消了打架的念头。结果第二天他们那帮人，乖乖地去上课了……

现在在我的QQ上，我仍然保持和他们的联系，特意开了一个组叫"我班的学牛"。

【故事启示】

现在的学生喜欢上网，玩QQ，但是怎么去引导学生正确地运用网络功能呢？这是一个让教师很头疼的问题。社会在变化，我们不可以用以前的老方法去教育学生，学生会很难接受。因此故事中的教师在网络世界中进行德育教育，既做到寓教于乐，又可以引导学生正确使用网络。

德育工作过于严肃的"面孔"，往往使学生产生一种压抑感，而苦口婆心的说教又容易使学生两耳生茧，产生厌倦心理。利用电脑技术模拟生活中的德育情景，结合学生的爱好、兴趣，让学生在虚拟的社会生活中开展道德实践，既具有强烈的娱乐性，又有着相对的真实性，而且学生在活动中所花的时间较少，收到的效果却很明显，既拉近了和学生的距离，也便于老师进行德育教育。

用平等营造和谐

【教师故事】

在人们的印象里，小学时期的女孩，应该是乖巧、懂事、自觉，逆来顺受的，其实不然。这些也许只是聪明女孩给人的表面印象。随着如今网络等各种媒体的高度发展，各种各样的资讯充斥着这些小女孩的眼球，刺激着她们的神经，也引领着她们的言行举止，使她们不再单纯如水，对大人们的教育也不再“唯命是从”了。因此教师对待女生也得讲究方法策略。

孙泽琦，我班中队长，组织能力较强，但锋芒毕露，个性倔强，喜欢我行我素。也是班级女生中举足轻重的人物，在班级中很有影响力。

我和她的第一次“交锋”源于一次“留言册事件”。那是我初接手班级不久的一节语文辅导课，我发现向来多话的孙泽琦，在这节辅导课上安静得出奇，看我的眼神也没有往日的气势，我便想去探个究竟。我随意地在学生间巡视着、指导着，然后迅速来到了她的眼前。她太投入，还来不及藏起来，手中的册子就被我拿走了，是一本毕业留言簿。

课后，我找她谈话。我们站在走廊上，她和我差不多个头。她仰着头，略略歪着，用那双大眼睛直视着我，没有丝毫的愧疚与慌乱。“果真是个厉害的孩子！”我打量着她。“这第一次谈话得谈好了！”我暗暗告诉自己。“泽琦，上课为什么不写作业？”我尽量用平和的语气说话。“作业我肯定会完成的！”她理直气壮地说。“可是上课时间，是不能用来做这些与学习无关的事的！”“我现在上课不是少讲了很多话了吗？”看，还有理不是？还学会言左右了。“那就是说，你上课写这些东西是有道理的，是正确的了？”“我又没有说是对的！”她丝毫不让步，依然一句句地顶着。我压着“噌噌”往上蹿的怒火，我知道这样的谈话是无效的，甚至是不利的，必须得换个方式才行。

我换了口气：“泽琦，你知道吗，老师读书时也写过这样的东西。”听到我的这句话，她吃惊地望着我。我继续说道：“不过，是在初中的时候。那时我觉得和朝夕相处的同学分开，有很多的不舍，以为用这种方式就可以留住友谊和同学情谊。”我故意停下不说了。泽琦好奇地问：“老师，那后来呢？”“后来，就是现在，我们很多好朋友依然如故，但依靠的不是这些留言册。你知道吗？这些册子都不知道扔到哪儿去了！大概是被我丢进风里了！”我们一齐大笑。然后我很认真地对她说：“泽琦，现在浪费学习的时间来写这些东西，真的很不值得。老师希望，你通过自己的为人、学识，给同学们留下深刻的记忆，而不只是你那几句空洞、苍白的语言。老师相信你行的！你也要相信自己！来，我们握握手吧！”我们的大手和小手握在了一起！

从那以后，孙泽琦不管是在学习、工作上，还是在纪律上，都有了很大的改观。后来，她在作文里写道：“我很喜欢老师和我以谈天的方式来教育我，而不是说大道理！”

【故事启示】

只有教师和学生处在同一位置上，平等交流，才能营造出和谐的师生关系。成功的课堂或者说一次成功的互动合作，离不开师生间有效的、和谐的交流与沟通。作为教师应懂得理解、接受、同情和公平对待学生的重要性。试想如果青少年在校园里得不到公平待遇，进入社会他们还指望哪儿有公平呢？古人说：以古为镜，可以知兴替，以人为镜，可以明得失。谁能说学生不是我们的一面镜子呢？我们也应明白个性的重要性，要多和他们交流沟通，了解他们的个性特征，并专心倾听来自学生的心声。新课标下的教师应拥有出色的与学生交往的能力，并且喜欢与学生相处，喜欢学生，而且也乐于帮助学生，做他们的顾问，给他们及时指导。

相信平等交流与沟通，能让教师帮助学生意识到自己的潜力，这一点对于教师非常重要。教师所做的事情除了教学以外，以“以人为本”的思想来说，要做的另一件事是让学生更清醒地认识自己，实现自己的理想，没有什么比帮助学生相信自己更有意义了。教师应改变学生的学习习惯和方法，教导学生要重视学习，这样学生才能更理智地提出问题，更准确地思考问题；应开启学生的心智，影响学生的人生态度和行为；为他们播下终生学习的种子，帮助他们找到人生的方向、人生的意义和生活中的满足感。

严格有度，关爱有方

【教师故事】

我接管的班级是个班风相对较好的班级。经过一段时间的磨合，班风越来越正。新学期，插进一个名叫周佳增的新生。听他爸爸说，该生在原来的学校，天不怕，地不怕。在学校不怕老师，回家不怕家长，完全目中无人。我知道对他不能用体罚的方法，而要用心去打动他。于是我在这个思想指导的前提下，开展了针对他的特殊教育，我不敢说这种教育是成功的，但从现在他的表现看来，我的努力取得了一定的成效。

周佳增，一个在公立学校就读了三年的学生，聪明，也非常重感情，在班上有很大的影响力，可就是对自己的要求不严格，经常违反纪律，刚进校时成绩很差。课堂上说话，欺负同学，谩骂女生等现象在开学初时有发生，也有很多同学对他是敢怒而不敢言。当我了解到这种情况以后，我并没有直接找他“兴师问罪”，而是通过聊天、谈心，抓住他重感情的这一特点，从正面加以引导，对他所犯的错误，尽量保持平和的心态，告诉他老师不是不想惩罚他，而是觉得他是一个懂得老师心的人。渐渐地，我们之间建立了一种信任的关系。

记得有一次，他欺负班上一名女同学，事后又觉得后悔和害怕。我找到他，从几个故事入手，动之以情，晓之以理，最后说，看到他犯错误，我比任何人都难受，因为我很相信他！他等待已久的枪林弹雨变成了和风细雨，为此，他感动得哭了。

从那以后，尽管他还是存在一些小毛病，但都能够克制自己，控制自己。同学们对他的看法改观了，他的学习成绩也直线上升，他和他的家人别提有多高兴了。而这更进一步促进了他改正不足、积极向上的决心。

【故事启示】

这则故事可以说明：严格有度，关爱有方，只要我们用心去做，没有教育不好的学生。

教育是对受教育者合理使用严和爱的工作，教师的爱不同于一般的爱，是严与爱的结合，这种爱是优秀学生更优的动力，是后进生转变的催化剂。教师要对孩子少一份埋怨，多一份宽容；少一份苛求，多一份理解；少一份指责，多一份尊重。大家知道，教师是凭良心工作的职业，家长把天真烂漫、聪明伶俐的孩子交给我们培养，这是对教师的极大信任。因此，我们要认真面对每个学生，尤其是差生。

让孩子学会自理

【教师故事】

去年教六年级时，有一个女生乖巧、文静，对老师很有礼貌，和同学相处也很友好，在班上绝对是一个好学生。她语言表达能力很强，对美术也很感兴趣，画画很不错，同学们都很喜欢她。有一天早上，我突然看见她母亲端着一碗热干面，站在学校门口喂她，觉得非常诧异，要知道一个六年级的学生有这样的事发生，我还是头一次见到。她看见我走到身边，连忙推开妈妈正喂到嘴边的汤勺，然后很不好意思地跑进学校，而她妈妈却微微一笑，解释说："怕她迟到了，来不及，这孩子做什么事都拖拉……"

一个说起道理来头头是道的学生，为什么会有这样的事发生呢？我百思不得其解，经过家访，终于发现：原来这孩子的父母年龄很大了才有这孩子，把她视为掌上明珠。又由于某些原因，父母离了婚，孩子由外婆和母亲带着，更是娇惯得不得了。除了学习，孩子在家不做任何事，"学习至上，成绩至上"是孩子唯一的目标，家长包办了孩子的各种家务劳动，生怕她因为干些"杂事"而耽误了学习时间。每天由大人叫起床，帮助整理学习用具，有时家长没弄好，她还对家长不理不睬，甚至责骂家长。家长既不停地为孩子做这做那，又感觉自己为孩子付出了很多，而孩子还这样拖拉、不尊重家长，从而感到伤心。

在与她妈妈和她的交谈中，我首先肯定了妈妈对孩子的关心与照顾，然后对她进行了批评教育，告诉她自己的事自己做是一种能干的表现。接着我和她妈妈谈了孩子的生活自理能力问题。六年级的学生，还喂饭，帮她清理用具，她会觉得自己很没用，会伤自尊心，久而久之，她的自理能力没有得到培养，会让她养成任性、以自我为中心、对家人漠不关心的坏习惯，到时候后悔就来不及了。她妈妈听了我说的话，频频点头，表示赞同，决定不再对孩子娇生惯养、包办一切，她能自己做的事情，就让她自己做。同时她妈妈还表示孩子有什么情况会及时告诉我。

在学校，我试着让该女生担任小干部，组织同学学习，帮助老师检查作业等，因为她画画不错，我还让她负责黑板报，她也干得有声有色，平时我也经常问她在家的表现，以便及时督促提醒。一段时间之后，她的自理能力有了大幅度提高，也更自信了。

【故事启示】

现在的独生子女家庭，家长对孩子寄托了最美好的“希望”，对孩子“成才”的期望值非常高。只关心孩子的分数，其他一切都不在乎，一心想着只要你好好学习，其他任何事我都可以帮你做好。他们并不知道，溺爱孩子，事事包办代替，这样只能培养一个依赖性强，懒于动手动脑的孩子，会让孩子形成许多坏习惯，而这并不是家长所希望的。

我们的学校教育是培养独立学习、敢于思考的学生，家长这样的做法，和学校教育背道而驰，所以学生很容易成两面派，也就是说，他们什么道理都懂，就是懒得做。我们只有及时和家长沟通，让家长明白，孩子的自立能力培养就像一粒种子，决不能等到收获的季节才匆匆忙忙地想到播种，而是应赶在生命的春天里就有意识、有计划地培育，并坚持不断地施肥、浇灌，才能很快地发芽、生根并茁壮成长，结出累累硕果。

孩子总有一天要自立于社会，自立于人生。家长不能什么事都替他们干，如果这样，就远离了教育孩子的目的。只有从小培养孩子自己的事情自己做，自己的东西自己管，自己的生活自己安排的自我管理习惯，才能增强孩子行动的独立性、目的性和计划性，这对于孩子今后的生活无疑有很大的帮助，这样孩子才能健康成长。

教师在与家长及时沟通时，不应认为是给家长建议，应该定位成和家长共同探讨如何教育孩子，这样才能让家长容易接受教师的教育观念，达成共识，以便更好地教育孩子，给孩子锻炼机会，提供平台展示自己，培养自理能力，培养自信。

“自投罗网”

【教师故事】

新学期开始，我担任了初一新生班的班主任。开学三天后下午放学时分，我在班上准备放学，忽然发现教室外站着一位家长在等孩子，不知谁说了一声：“是路路的妈妈。”我想，正好，我正准备找她，她今天却“自投罗网”！我简要强调了新生应该注意的几个问题后，就宣布放学，急忙走出教室叫住了家长，“路路的妈妈吗？您好！我是路路的班主任。关于孩子的事情，我想跟您谈谈，请您到我办公室来好吗？”“什么事啊？”到了办公室，家长没来得及坐下就迫不及待地问道。

我来了一个反攻为守：“路路在小学学习怎么样？”

“成绩不是十分理想，尤其是数学成绩不够稳定。”

我感觉自己引导得好，为下一步反映问题做了一个极好的铺垫。“您的儿子上课不能好好听讲，太活跃，随便说话，这样他学习怎么能好？不仅自己不认真听，还影响别的同学。我已经把他从第四排调到了第一排，可他还回头说话。这样下去，别的同学的家长也会有意见的。”

“路路同学的作业不认真，字迹潦草，作业本也不是新的，像是撕掉过，皮儿都快掉了。”同在一个办公室的语文老师也帮腔道。

“那怎么办？！”家长并没有表现出我原先预想的愧疚、不好意思。她连忙表示要回去好好教育孩子，希望老师多费心等诸如此类，但听起来有些蛮横的味道。我有些吃惊甚至不快："您说呢？我想听听您的想法。"

家长似乎感到自己的语气不对使我产生了误解，笑了笑："不瞒您说，你反映的问题在小学时老师已经多次说过，孩子的毛病我了解得比您还要详细具体，该讲的道理我都不知讲了多少遍，各种各样的方法都用过，可就是没有明显的效果。我们做家长的也十分苦恼。孩子上中学了，我也知道后果的严重性，希望老师想一个有效的办法，我们肯定会积极配合的。"

"您能介绍一下孩子的情况吗？"

"当然，您就是今天不找我，我也会找您的。我了解自己的孩子，就怕老师根据他的一些表现对他产生某些误解。路路可以说是一个优点和缺点都特别明显的孩子。他兴趣广泛，知识面广，性格开朗宽容，思维活跃。特别是在计算机方面，通过自学钻研，已经达到了一定的水平。可能正是由于这样，他对学习的兴趣和动力不足，处理不好兴趣和学习的关系，再加上一些不好的学习习惯，就导致现在的状况。他课堂上不守纪律，不举手就随便说话，这可能与他的性格和习惯有关。"

原来这样！要不是今天恰好遇到路路的妈妈，我就真有可能凭这几天的表现对路路形成一个"学习不认真、不努力，调皮捣乱的问题学生"的印象了，其实路路一到学校就与同学熟悉起来，在为集体服务方面表现出很高的热情。看来，及时与家长沟通对于了解学生是非常重要的。

【故事启示】

"家长是教师的教育合作者"，也是学生生活中最重要、最有影响力的人物，学生的许多问题都是由于家长教育方法不当，或者由于观念偏差，或者是家长自身因素等许多原因造成的，尽早建立起亲师联系，及时沟通学生情况，互相交流教育方法，对于学生的健康成长当然大有裨益。故事中的教师是一位懂得亲师沟通重要性的老师，在接任班主任的第一周就积极主动地与家长交流信息，以便建立良好的亲师关系，希望得到家长的配合，搞好班级教学和管理，这是一种很好的班主任工作思路。通过与家长的及时沟通，进一步了解了学生的真实情况，从而避免了不良教育后果的出现。

但是，亲师沟通是一种特殊的人际交往，第一次接触、第一印象在交往中十分重要，它不仅直接影响本次沟通的效果，还会影响以后亲师关系的建立。因此，需要提前做好准备，认真对待。除了自己的形象和举止外，谈话的语气、态度尤为重要。故事中的教师对此似乎认识不足，与家长的沟通是在偶然的情况下进行的，准备显然不够充分。面对新生，教师如果想与家长建立联系，最好预先进行“学生个别谈话”，在个别交谈中对学生有初步的认识，对学生家庭也有初步了解之后，再开始做亲师沟通。其实，老师与家长沟通可以采取面谈方式，也可以采取电话、书信的形式，比如，在开学第一周，给全班学生家长写一封信，介绍一下自己的基本情况、教育观点和对家长配合班级管理的要求，诚恳要求家长百忙之中写封回信，介绍孩子的情况，效果也很好。其次，虽然教师找家长沟通是为了他们的孩子好，但教师同样应该认识到，家长是在配合教师的工作，主动维持友善的态度是教师首先应该做到的。

同时本故事中教师的初衷是向家长反映孩子在学校的问题，希望引起家长的重视，帮助学校教育孩子，但由于有情绪化的言辞出现，给家长的印象是告孩子的状，也难免会引起误解。“护犊之心，人皆有之”，在与家长沟通前，应先全面观察学生的行为表现，叙述时多给予正面肯定，少做负面责备，对学生的偏差行为也只客观陈述事实，不加个人情绪性的批评。通过教师客观的陈述与鼓励，特别是具体的指导，家长多半能立即感受到我们的真诚与理性。最后，正像本故事中的家长所说的“你反映的问题在小学时老师已经多次说过，孩子的毛病我了解得比您还要详细具体”，她迫切需要的是“怎么办”而不再是“是什么”。在这种情况下，如果没有具体的解决问题的办法和建议，同样影响沟通效果。如果能在有充分准备的前提下，共同分析学生问题出现的原因，充分讨论双方建议后，提出期望，形成共识，沟通的目的就达到了。

家长的力量

【教师故事】

王政杰是初二（6）班一名异常特殊的学生。他的学习基础及学习态度都极差，平时又好惹是生非，总好“表现”自己，经常做一些与课堂纪律、校纪校规格格不入的事。家长表面还能与学校配合做一些教育工作，但收效甚微。这样的学生给班级学生与任课教师都带来极大的麻烦。在紧抓教学质量的今天，他无疑给教师教学任务的完成带来很多的障碍。

就拿我任教的英语学科来说，放学后留下来让他默写课文，效率极低，两小时内只写出两句话。第二天让他再巩固一遍，因其基础差，记忆力差，又产生了遗忘现象，前一天的努力算是白费了，这让我非常恼火，像这样的进程何时才能完成学习任务。

看来，这一学生必须要充分调动其家长的力量，光靠校内仅有的时间是远远不够的。

于是，我先在电话里与家长进行了一番沟通。当然，不能一棍子将其儿子打死。我先是肯定该生一些好的方面。如在上课认真听讲的情况下，表现还不错，能经常积极举手发言。平时也很热情，能帮助老师做一些小事。但也许是基础差了些，书写的内容中经常会出现一些错别字，因此给语文的进一步学习造成了很大的障碍。鉴于目前初中阶段，古诗文占的比例高，学生确实很难接受。平时只要一有空，我就会帮助他进行一些内容的讲解。可如今由于回家后没能及时地复习巩固，成绩一时难以提高。此时，我完全站在为学生考虑的角度出发，为孩子提高成绩着想，家长也比较容易接受。随后，我又将他在英语学习上的表现告知家长，希望能得到家长的大力配合。

这次的沟通，我感觉到家长非常希望配合学校提高孩子的学习成绩。不久，我又找来了家长进行面谈，就王政杰学习上存在的一些具体问题进行了深入的了解与沟通，并教给家长一些具体实在的指导方式。每逢考试前夕，我都会站在家长的立场，指导家长怎样帮助孩子复习以获得最有效的收获。这样一来，家长非常感激老师为他孩子所做的一切，同时也更加积极地协助学校教育好孩子。

一年来，王政杰的成绩有了很大提高，而且让我感到欣慰的是：我感觉到了来自家长的力量。

【故事启示】

对于后进生的家长，教师要让家长对自己的孩子充满信心。教师最感头痛的是面对“后进生”的家长。面对孩子可怜的分数，无话可说；面对家长失望的叹息，无言以对。对于“后进生”，我们不能用成绩这一个标准来否定学生，要尽量发掘其闪光点，要让家长看到孩子的长处，看到孩子的进步，看到希望。对孩子的缺点，不能不说，但不要一次说得太多，不能言过其实。在说到学生的优点时要热情、有力度，而在说学生缺点时，语气要舒缓婉转，这样就会让家长对他的孩子充满信心。只有家长对自己的孩子有了信心，他才会更主动地与教师交流，配合教师的工作。基础差的学生更需要教师、家长的关心，希望教师、家长能加强沟通与交流，让孩子早日养成好的学习习惯，把成绩赶上去。

沟通的重要性

【教师故事】

下课铃响了，我结束了一天中的最后一节课，布置了作业。宣布放学前，我又安排了下周运动会的事情。待学生陆续离开教室后，我就急忙向办公室赶去，因为还有两个班近100本的作业要批改。没想到，2班的李闻和他的妈妈早就在办公室等候了。

简单寒暄过后，李闻妈妈直截了当地说："吴老师，您不是说李闻的数学很有潜力吗？让李闻每天放学后到您办公室来，您再给他补半小时的课，让他把潜力发挥出来，您看如何？"我笑了笑："我以前给您打电话说过李闻同学数学成绩不够理想，但有潜力。他主要是学习习惯不太好，是想请您想办法配合我帮助他改掉不好的学习习惯。并不是他理解上存在问题，需要特殊的讲解。"

"老师啊，我家的情况您也许不了解，他爸爸常年在外地跑，我就得帮着照顾生意，哪有时间管他的什么习惯，上次您说让我们想办法配合您，我和他爸爸商量，说给他请一个家教，可孩子死活不肯。商量来商量去，感觉还是放在您这儿放心，如果您没有时间，20分钟也行。"

我解释道："李闻同学上课能认真听讲，发言也积极，回答提问大部分都正确。我帮他分析过作业和试卷中的错题，大多数是由于粗心、书写不规范造成的，有许多比较复杂的难题他能做对，小题、简单题反而错了，说明他并不是不会。如果他能改掉粗心和书写潦草的毛病，成绩是很有可能提高的。"接着我又转头对李闻说：“当然，李闻同学，如果你的确有哪些地方没有明白，请你随时来找老师，好吗？”

李闻点点头并开口道：“其实我在做作业和考试时感觉题目都不难，不用再讲了，如果请家教或再补课，我哪还有时间踢球啊！”李闻妈妈瞪了孩子一眼：“你这孩子，学习不好，就知道踢球！”我接口说：“课余时间踢踢球没有什么不好。但是，李闻，球要踢，学习更要搞好。作业写好了再踢球，好吗？”“好！”李闻妈妈说道：“我也多次这样说过他，可就是没用。”我对李闻妈妈说：“孩子嘛，有时可能就是不能很好地控制自己，需要督促，所以请您还是抽时间帮助他把毛病改掉。”“我试试吧，可就怕没时间啊！”

送他们母子走后，我想，现在的家长，有的为了孩子什么都可以牺牲，好像就是为孩子活着；有的为了自己的事业顾不上孩子，把教育的责任完全推给学校。“如何帮助家长处理好实现自我价值和尽到父母责任的关系”，就是下一次学校家长活动的主题了。

【故事启示】

学生学习出了问题，家长和老师交换一下意见，分析其中的原因，找到解决问题的方法，共同帮助学生提高学习成绩，是教师日常工作的一个重要组成部分。但是，有些家长会以自己工作忙等理由，试图把教育的责任完全推给学校，对老师提出过分的要求。上面故事中李闻的妈妈就是如此。

首先，针对家长的苛求，吴老师没有直截了当地说：“对不起，我也很忙，如果班上50多位学生家长都这样要求，我就是有三头六臂也忙不过来。”而是耐心地分析了学生成绩不理想的根本原因是习惯所至而并非不懂，因此不需要额外补课。而坏习惯的形成和好习惯的养成与家长的培养、督促有密切关系。同时吴老师告诉学生，什么地方不懂，可随时找老师请教。这是为了让家长明白，老师并不是不愿为孩子付出劳动，而是确实没有必要，同时也让家长明白了帮助孩子改掉坏习惯的必要性。

其次，李闻的妈妈在告别时虽然答应“回家试试”，但仍然强调“可就怕没时间”，这也说明吴老师在帮助家长摆正做生意和负起教育子女之责的关系上，工作还有些没做到位。应该把“下一次学校家长活动的主题”提前与李闻妈妈讨论，只有让她明白，搞事业、做生意重要，同时兼顾孩子的成长和发展也很重要。自己虽然很忙，也要设法抽出时间与孩子沟通、交谈，不仅是在孩子的学习问题上给予关注，还要关心孩子的心理、品德和行为习惯等。在需要的时候，给孩子适当的帮助，尽到自己的职责，孩子才能健康成长。吴老师还应该告诉她为什么习惯的养成和改变只靠学校不行还必须有家长的努力，甚至帮助她想办法克服困难，比如生意可否请人帮助料理等，以解决“没时间”的问题。

最后，还要告诉家长改变坏习惯、培养好习惯的方法，比如，不要一开始就急于求成，要求太高，要循序渐进；要鼓励孩子的每一点进步等。只有这样，家长才能从思想和行动上负起家庭教育的职责，问题才能得到解决。

做个朋友原来是那么的重要

【教师故事】

“又是他！”当我又一次看到肖鸣踏着上课的铃声从操场上匆匆往教室走来的时候，我火冒三丈。

在我眼里，肖鸣一直都是一个腼腆的小男生。我每次和他谈话的时候他总是低着头。可是，这样一个“胆小”的男生却不知为何最近常常“胆大包天”，为了篮球而耽误学习。

“肖鸣，你站住！”正要跨进教室的肖鸣被我厉声叫住了。他低着头，不敢转过身面对满脸乌云的我。就这样，我们僵持了几分钟。后来，我把他带到了办公室。我要求他复述校规，他沉默不语；我要求他谈谈最近的学习情况，他还是沉默不语；我让他谈谈每次违反纪律后的感受，他依然沉默不语。我与他的谈话陷入了僵局。那团已经被我强压下去的火又再次燃起来了。我觉得这次谈话无法再继续，于是便要求见他家长。因为之前已有约定，如果他再次犯规便要见家长，所以这次他心中即使有千万个不愿意，也只好点头答应了。得到我的允许后，他神色凝重地走出了办公室。看着他离去的背影，我竟然没有想到他已经开始把自己封闭起来了。

那天肖鸣的家长如约而至，并且在离开学校前给我描述了关于肖鸣的一段经历。从进入小学开始直到小学五年级，肖鸣一直都是一个品学兼优的好学生，也是老师寄望考取重点中学的对象。可是自从上了六年级，换了一个“严厉”的班主任后，他的成绩就开始一落千丈，这导致他最后升中学考试时失利，只能上普通中学。在中学，肖鸣跟班主任打得火热。班主任经常在下课的时候与他打篮球，又经常与他聊天。这样，肖鸣不但跟他成了好朋友，成绩更是芝麻开花——节节高。于是肖鸣中考时便以较优秀的成绩考取了我们学校。我终于弄清楚了，原来是我“严厉”的谈话深深伤了他的心。他认为他无法与这样一个“凶恶”的老师成为朋友，他无法在这样的一个学习环境中找到快乐。于是，他在我面前把自己封闭起来了。

症结找到了，紧接着就要解决它。但是我将如何改变我在他心目中的“坏形象”呢？在我感到束手无策的时候，机会来了。在学期第十五周的质量跟踪测试中，肖鸣考了全班倒数第一。于是，我又把他请到了办公室。站在我面前，他仍然低着头。我笑了，并对他说：“坐下吧，不要站着。”本来在我看来很正常的一句话，没想到他竟然抬起头看着我，眼里闪烁着疑惑。过了好一会儿，他才坐了下来。我心里一阵暗喜。我继续以同样的语调跟他说：“肖鸣，你这次的考试不太理想啊。”他不好意思地点了点头，又把头低下去了。“不能以一次成败论英雄，是吧？”“一次成败？”他把头抬了起来。我乘胜追击：“我们马上就要期末考试了，你准备好了吗？”他不好意思地笑着摇摇头。“那你要马上开始准备了。要知道，时间可是不等人的。要不我们来个约定，好吗？”“约定？”他疑惑地问。“是啊。到时候如果你不能恢复到入学时候的成绩，那你就放弃买名牌球鞋，请我到快餐店吃一顿。如果你恢复了成绩就换我请，怎么样？”“啊？”他惊讶得说不出话来了。在思考了几分钟后，他挠着头笑了：“这……这……”“怎么样？可以吗？”“这……就这样吧！”我们相视而笑。

接下来的第二周的周记中，他不再写死板的客套话了。在周记中，他清楚地表达了他的决心和信心，并且向我表明他再也不会违反校规了。在之后的周记中，他逐渐向我敞开了心扉，甚至跟我一起分享星期天他与好朋友一起打篮球的快乐。我终于跟他交上了朋友！期末考试中，他取得了很大的进步，在班上前进了20个名次！

【故事启示】

此故事说明了高中时期的学生在心理上要求“平等”，他们有自己的思想。老师平时常常把“新型的师生关系”挂在嘴上，但是在实际做学生思想工作时，却往往忽略了这一原则，在学生心中留下不好的印象，取得相反的效果。如何改变老师高高在上的形象，建立新型的师生关系？此故事就给出了回答。

疏导·启迪

世界上没有才能的人是没有的。问题在于教育者要去发现每一位学生的禀赋、兴趣、爱好和特长，为他们的表现和发展提供充分的条件和正确引导。

——苏霍姆林斯基

问题可以这样解决

【教师故事】

铃响之后，我走进了教室。这时，我发现一名学生正在偷偷地看一张纸条，就悄悄地走过去，没收了他的纸条。本来打算课后再处理这件事情的，没想到我的举动被旁边的一个男生看见了。他问："老师，上面写了什么呀？"这时，其他同学都把目光投向了我，都问："老师，上面写了什么呀？""没什么。"我说。"是情书。"一个调皮的男生脱口而出，"老师，念念看。"

看来，我无法回避了。于是我说道："好，那我就念念。"我把纸条慢慢地展开了，天啊，这是什么呀？纸条上面写着的是一个男孩对一个女孩的仰慕之情。正当气氛很处于尴尬的时候，我灵机一动，突然想到了什么。于是我开始装模作样地念道："少壮不努力，老大徒伤悲。"随后，我就把纸条折了起来，放入口袋里。旁边一个男生问："老师，没了？"

"没了。"我郑重地告诉大家，"这两句诗虽然简短，但是他却那么工整地把它写了下来，可见他是多么有上进心啊！"

我朝这位同学看了看，发现他的脸一直红到了脖子。我对他说："对不起，老师没有经过你的同意就拿走了你的纸条。"然后，我把纸条还给了他。

放学之后，他来到办公室里，向我说明了一切。我叫他坐下，拍了拍他的肩膀，说："今天老师伤害你了吗？"他忙说："没有，没有。"我又说："在你们这个年龄段，男女同学之间相互有好感非常正常。但是我们就像赶路的行人，路边会有美丽的花朵，我们不能因为这些美丽的花朵而停下脚步，忘记赶路；我们更不能因为这些美丽的花朵而迷失方向，因为我们以后的路还很长，你知道吗？”

他点了点头，似乎突然明白了许多。

【故事启示】

中学生正处于青春发育期，他们在生理和心理上都迅速地发生着变化。有人说，中学时代处于“多梦季节”，这种梦，既是多姿多彩的人生理想，也如虚无缥缈的海市蜃楼，而“早恋”正是这无果之花中稚嫩的一束。

教师对付学生“早恋”有三招，可以一试。

第一招，旁敲侧击。这招适用于自尊心强的学生。可以安排两人同时上台演排，利用学生善意的哄笑来提醒他们大家都知道“你们俩的事了”，教师可以乘势敲击：男女同学交往不要过密，要注意影响。教师只需点到为止，不必扩大，更不能武断压制。

第二招，笔打鸳鸯。这招适用于情深意重的学生。教师可以利用作业批改之际，尤其是作文批语，进行深入的青春期教育，对他们晓之利害，端正他们的恋爱观、家庭观、学习观。这种形式具有单一性、隐蔽性、持久性，能促使学生自己用笔和老师交换想法和看法，从而引导他们回归“正途”。

第三招，冷处理。对“早恋顽固分子”，不要逞一时之气，要静观其变、等待时机，同时密切监管，防止发生不良后果。

在处理“早恋”问题时，教师要本着尊重、关心、爱护的原则，不能粗暴简单，以下是四个需要注意的方面：

一是不闻不问。对于学生中存在的“早恋”现象，要早发现、早引导、早处理。

二是冷嘲热讽。“早恋”也是恋爱，是人最重要、最神圣的情感之一，任何人都没有权力加以嘲笑，甚至干涉。冷嘲热讽，看起来是在告诫学生不要“早恋”，效果往往适得其反，有时还会酿成祸端。

三是火上浇油。有些教师会对早恋的学生开些善意的玩笑，在安排座位上，在组织活动时，故意成全他们，这样做不妥。

四是责怪家长。有些教师会请不听劝说的学生的家长来校，明确要求家长承担教育子女的责任，甚至限令家长何时拆散恋人、何时送子女来校。这样做既是推卸责任，又是封建专制，极容易激化师生矛盾和亲子矛盾，产生学生离家出走、辍学甚至轻生的严重后果。

老师也有不对的地方

【教师故事】

六年级时，有一天夕会结束，我刚回到办公室，吴莹莹跑来跟我说："老师，吴典宣到校长室告某某老师了。"过了一会儿，又遇到郑校长，我问了郑校长情况。郑校长说："他告某某老师，说老师骂他猪狗不如，你去处理一下。"我说："好的，校长。晚上我先找他谈谈，看他怎么说，我一定会解决的。"

晚自习下课后，我找吴典宣了解情况。他说："我只是在教室里大声说几句话，某某老师就骂我猪狗不如，长这么大，我爸爸都没有这样骂过我。老师，这不是侮辱我的人格吗？"听了以后，我觉得他的话也有一定的道理。所以此时我先肯定他说得有道理，某某老师说话确实欠妥，伤害到他的自尊心了。我又问他："那你认为你有不对的地方吗？你在教室里大吵大闹，严重影响同学们的学习，也给班级造成不良的影响。而且，你还顶撞老师。"吴典宣听后说："老师，我也有不对的地方。"

【故事启示】

我们作为教师，在批评学生之前，一定要先问问自己：事情搞清楚了吗？我批评得有理有据吗？千万不能凭主观想象就草率处理，更要注意语言文明。因为孩子的心是稚嫩而脆弱的，受到伤害后不容易愈合。

我们作为一名教师，只有走进学生的心灵，得到学生在感情上的接纳，才能更好地教育学生。这就要求我们作为教师，不但要有扎实的专业知识和教学能力，还得懂得一些教育心理学知识。我们教师要进行换位思维，站在学生的角度上考虑一些问题，这样才能真正走进学生的心理世界。我们教师还要关注心理脆弱的学生，因为现在的学生很多时候会表现出与实际年龄不相符的成熟，“喜怒不形于色”，不细心的教师就会只看到表面现象，而错过与学生及时沟通、分析问题和解决问题的最佳时机。

诱导式谈话胜过批评

【教师故事】

我们班有个叫黄灿杰的学生，课上好玩东西，好跟人讲话，不注意听讲；课下喜欢欺负弱小，与同学追跑打闹，作业完成不认真，这也正是他学习成绩比较差的原因。在二年级时他被称为最玩劣的学生之一。

我接手这个班之后，他也是外甥打灯笼——照旧（舅）。可是我几乎一次也没有批评过他，每次都是找他谈话，对他晓之以理、动之以情。后来我和他进行了一次深刻的谈话，至今我还记忆犹新。

当初，我把他的作业本拿了过来，指着他的名字说："你的名字叫'灿杰'，真好听，老师猜你的父母肯定希望你的将来既灿烂又辉煌，还要杰出有为，对吗？"

"当然，我肯定会做到的！"他毫不迟疑，也很认真地回答。

"那么，你知道怎样才能做到这些吗？"

"努力学好科学文化知识！"

"那你跟老师说一说怎样才能学好这些本领。"

"上课认真听讲，下课认真完成作业！"

"那你做到了吗？"

"没有……"他不好意思地低下了头。

过了大约五分钟，我才开口说："你知道老师为什么不在同学们面前批评你吗？”

“你是不想让我在同学们面前丢脸。”

看来目的达到了，我马上说：“灿杰，老师相信你一定能做到的，是不是？可千万不要再次让老师失望呀！”

这次谈话后，黄灿杰的课堂纪律大有进步，学习成绩也一天天地提高。

【故事启示】

在班级管理中，学生违规违纪、不用功学习等现象是比较常见的。一般情况下，教师会对学生进行批评教育，其实，如果教师使用诱导式谈话的方式，效果也许会胜过批评。

在谈话过程中，教师要自始至终地贯穿施教者对学生的人文关怀，多使用有利于情感沟通的词句，肯定学生值得肯定的想法和做法。比如：“我理解你当时的心情。”“我赞同你的想法。”“我相信你说的这些话。”“我知道你是一个负责任的人。”“由此可以看出你是一个非常具有正义感的人。”“你是一个珍惜同学友谊的人。”

谈话时，教师切忌态度生硬，要措辞得当、委婉曲折、态度和蔼、情感真挚，对学生起到“润物无声，春风化雨”般的效果。我们在诱导时，要有诚心、耐心、恒心，抓好反复，晓之以理，动之以情，导之以行，持之以恒，用爱的潺潺溪流滋润学生的心田，相信“变好”这一天一定会来到。

俗话说“教育有法，却无定法”，我们只要抱着一切为了学生的身心健康发展的信念，在工作中多积累班级管理经验，就会成为受学生喜欢的教师。

打要还手，骂要还口

【教师故事】

记得那年的607班，是我从教以来带过的最棘手的班级。我接班的第一个月同学打架的事常常发生，虽然我利用班队会、夕会给他们讲了不少道理，也让他们谈了自己的见解，讲起道理来他们可是头头是道，什么“退一步海阔天空，忍一时风平浪静”“己所不欲，勿施于人”等名言警句都被搬了出来，可做起来又是另一码事。

有一次，我刚从607班下课走进办公室，便有老师告诉我：“你班有学生在打架。”我匆忙赶到教室，只见陈天才和陈少忠两个人正扭在一起，我顿时火冒三丈，但我强压火气，没有冲他们吼，只是叫其他同学回到座位上。两人见我来了，便很不情愿地松了手，但仍然在争执，只听陈少忠说：“我又不是故意的，我说对不起还不行吗？”陈天才回答：“不是故意的就可以踩人吗？对不起有什么用？我说十遍对不起，你让我踩十下，行吗？”“你不是故意找茬吗？强词夺理！”“那我为什么要吃亏？”两人针尖对麦芒，争得面红耳赤。什么“忍让”“团结”，早丢到九霄云外去了。

其间我一句话也没说，先听明白了真相：下课时，陈少忠朝教室外面跑，不小心踩了陈天才的脚，陈天才怒不可遏，一定要还陈少忠一脚，陈少忠坚决不干，两人便扭打在了一起。了解真相后，我故意心疼地问陈天才：“脚还疼吗？别怕，我给你撑腰，为什么要让他占便宜？打要还手，骂要还口，打一还二，打他两下，还过来！”陈天才还真理直气壮地打了陈少忠两下。我又笑着对陈少忠说：“疼吗？不服气是吗？打一还二，打他四下，还过来！放心，老师是公平的，我给你撑腰。”陈少忠立马还了四下。我说：“天才，我作证，刚才少忠打了你四下，咱不能吃亏，快，打他八下，还过去！”陈天才看了看我，表情很特别，再看陈少忠，也是抓耳挠腮。我“焦急”地为他俩打抱不平：“天才，快，打他八下，不能吃亏呀！然后少忠再还十六下，天才再还三十二下，少忠再打天才六十四下，天才再打少忠一百二十八下……”话还没说完，“扑哧”，两个小家伙都已经笑出声来，不好意思地说：“老师，我们错了，我们不打了。”我一句批评的话也没说，便解决了问题。随后，我让他们把今天打架的感受写下来，没想到他们不但写了感受，还写了反思，比我讲百遍道理都管用。

【故事启示】

作为班主任，最令人头痛、棘手的工作就是处理学生之间的矛盾纠纷，小孩子缺乏自制力和约束力，同学之间为了一点儿小事打架的事时有发生。作为班主任，我们生气、发火，对他们动之以情、晓之以理，既耽搁时间，又浪费口舌，有时还不一定有效。其实有时候“推波助澜”更能解决问题。

教师在处理学生矛盾的过程中，有时可以向学生讲明道理，但更多的时候是让学生自己通过感悟来明白道理。每个孩子都是具有独立个性的人，有些事情应该放手让他们去尝试、去体会，而教师和家长要做的则是在孩子需要帮助时，伸出温暖的双手，给他们以支持和鼓励，把握好他们人生的方向，而不是替他们生活。

要有一颗爱学生的心

【教师故事】

彭铁浩，男，13岁，父母长期在外地做生意，属留守孩子。由于父母长期不在身边，缺少来自父母的关爱，爷爷奶奶又不太识字，学习上无法帮他辅导，导致他在学习上对自己放松要求，作业经常不能按时完成，完成了质量也极差。去年他插班到我班，考试成绩总在年级倒数十名徘徊。他上课不发言，呈“睡不醒”状，而且总是在回避和老师接触的机会；平时话不多，自卑，不擅言谈，在学习上常常撒谎，一般不能按时完成周末作业。他的父母文化程度不高，把孩子接到身边后，周末没有时间也没有能力辅导孩子，唯一的教育方法就是打骂，在学习问题上，孩子和父母之间缺乏良好的沟通。

我开始关注他，经常和他谈心，并且做了家访，建议家长调和家庭气氛，让生活中多一些欢笑，多和孩子沟通，偶尔也赞扬一下孩子身上的优点（如勤劳善良、责任心强、画画漂亮、做事认真等），这样，彭铁浩的自信心逐渐建立起来了。

我在班级里告诉同学要平等友爱地和彭铁浩相处，不要随意地取笑他，因为每一个人都是有自尊心的；平时应多关心他，如果他有不懂的地方向你请教，要耐心细致地辅导他，不要用不好听的话去讽刺他。为此我特地让文静爱笑、心地善良的翁昕同学做他的同桌，为他建立良好的人际关系奠定了基础。

为了提高他的成绩，我把他的座位调至第一排，上课时经常提问他，尽量不给他开小差的机会；同时，对他在作业中出现的错误耐心予以辅导。另外，我又安排了两名同学轮流帮他补缺补差。其实他的接受能力和理解能力都较强，以前成绩差是因为他经常被老师批评，对学习失去了兴趣；并且他生性好动，上课时不能专心听讲。现在他能注意听讲了，成绩也很快有了进步。看到他的进步，我有一种庄稼获得丰收的喜悦。

彭铁浩似乎跟黑板很有缘，不是因为他的座位离黑板最近，而是因为他对绘画感兴趣，经常能得到美术老师的表扬，于是班级黑板报美工的艰巨任务就交给他了。我班“庆祝国庆”黑板报荣获二等奖跟他出色的工作分不开。此外，在班级里我还给他安排了一些为集体服务的工作，他身高臂长，最适合擦黑板，在所有擦黑板的同学中，他是公认的擦黑板最及时，擦的最干净的一位！

在英语课上，我班的英语老师针对他的情况设计了活动，让他扮演深受大家喜欢的明星，享受同学的热烈欢迎，体验成功的喜悦。当同学们说出“我们真喜欢你，你太棒了”时，他的眼眶里闪烁着幸福的泪花。

在经过了将近一年的心理辅导后，我欣喜地看到彭铁浩一步步艰难又执着的成长步伐。其中有成功的喜悦，也有反复的困惑。现在，他与人交往的自信心明显提高了许多。虽然他现在还不是班级中万众瞩目的焦点，但他已经是同学当中比较受欢迎的一员了。

【故事启示】

在学生的心理成长过程中，个体内心的成长是最重要的，只有通过自我激励、自我成长，才能真正达到心理的成长；只有发挥个体的自我力量，才能让学生真正走出孤单、胆怯，树立自信心，提升学习成绩。

俗话说：十个指头伸出来，总有长短。在一个班级中，总有一小部分学生由于家庭、社会、自身等多种原因而成为后进生，他们不受同龄孩子欢迎，他们令教师和家长揪心、担忧，他们孤独、自卑、焦虑、多疑，而且常常封闭自己的心灵。因此，转化后进生是一项非常重要而且责任重大的工作。

如果有人问："当一个好教师最基本的条件是什么？"可能会有很多不同的回答。但最重要的是教师"要有一颗爱学生的心"。离开了爱，一切教育将无从谈起。但这种爱、这种情感绝不是装模作样的"平易近人"，也不是教师对学生居高临下的"感情恩赐"，更不是为了达到某种目的而采取的暂时的感情投资。它是朋友般平等而真诚的感情。感情当然不能取代教育，但教育必须充满感情。

心若在，爱就在

【教师故事】

初一学生入学没几天，我就发现我班杨刚同学表现突出，他很机灵，头脑也很聪明，但他是一个典型的“自我主义”者。一件事，他认为是对的，他就去做，全然不顾家长、老师和同学的想法和感受。

开学第一周同学们排队去操场做广播操时，杨刚就不停地讲话，我点了一下他的名，可他两眼一翻，嘴巴一翘，气鼓鼓地摔出一句“我没讲话”。于是我把他拉到身边，才教育了他两句，他竟然号啕大哭，一边哭一边说老师冤枉他讲话。对比，我感到十分诧异：他小小年纪，怎会如此耍赖？从此，他违纪是家常便饭，两天不犯错误罕见，天天犯错误平常，课堂由他掌控，他随意得让人不相信他受过六年学校教育。一段时间下来，他就成了同学们心中的问题学生之一。

杨刚的父母是懂教育的，他们经常来学校向老师询问孩子在校的表现，同时也总要找孩子谈话。有一次，杨刚父亲在教育杨刚时，杨刚竟又使起了性子，横竖不买父亲的账，父亲扑通一下跪在他面前说：“孩子，你什么时候能听听父母和老师的教育啊！”杨刚先是一愣，随即放声大哭起来。从教这么多年，如此的教育情景我还是第一次看到。

杨刚酷爱网络游戏几乎到了不能自拔的程度，他在校期间天天晚上看网络游戏书刊，周六回家想方设法要玩数小时的游戏。如果不让他玩，父母会看不到他的笑脸。他父母说，为了不让孩子误入网络游戏的歧途，他们把电脑装箱封存起来不让孩子接触，见此情景，杨刚竟然哭得呼天抢地，最后昏死过去。他父母问我怎么办，我只能建议说：“长痛不如短痛。”于是父母狠下心没有开箱。老师和同学们用两句话来总结概括了杨刚同学：家长、老师说什么他都不乐意，班干部做什么他都认为不对！

面对这样的学生，我始终坚信：教育是“随风潜入夜，润物细无声”的。因为教育就是要划动承载“理性内核”的船桨，以真情呼唤真情，以行动引领行动，以心灵感召心灵，激起层层“正效应”的涟漪！我要让杨刚的思维得到启迪，精神得到唤醒，潜能得到激发，心灵得到震撼，情感得到共鸣，身心得到愉悦。于是在家校联系本上，我每天用交心的方式和杨刚进行真诚的对话，一有教育机会我就会单独跟他谈几句，一有值得表扬的行为我就会大张旗鼓地在班级里对他进行表彰，不管是学习上的还是规范上的、人品上的。

记得有一次他在参加区里举行的跳绳比赛时，突遇长裤往下掉，可他不顾长裤掉下来的难堪，坚持跳到比赛结束，最后取得了全区个人第六的好成绩。当体育老师石老师告诉我这一感人事迹后，我的心被震撼了，想不到这样一个天天犯错误的学生竟有如此的集体荣誉感。于是我及时利用班会课这一有利机会，开展了题为“为你感动”的主题班会，在班会课上，同学们和我对他这一举动进行了高度的评价和赞赏。正当他陶醉在甜美的表扬声中时，我和同学们及时对他的一些不足之处进行了善意的提醒，他竟愉快地接受了教育。

事后在家校联系本上，他第一次主动对我说：“老师，我也知道同学们平时挺讨厌我的，我也想改掉这些坏习惯，可不知道为什么就是做不到。老师，您能帮帮我吗？”看到这么好的教育契机，我及时利用晚自习和他进行了一次长谈，并和他一起着手制订近期目标，并让同学和班干部监督他的平时的言行。大约过了一个星期，当我再次找他谈话时，他对我说：“老师，您看我是不是改掉了一些不良习惯？您放心，今后我会一一改正缺点，与同学们一起前进的。”听了他的话，我感到非常高兴，又趁机对他提出一些高要求，并让他自己制订一个学习上和行为习惯上的计划。从那以后，他比以前进步了很多，有时候班级里的事情能主动找我反映，在学习上能对成绩不太好的同学提供帮助，不良习惯也明显减少了。三年过去了，他的行为习惯有了明显进步，学习成绩也稳中有升，最后在中考中他取得了相当优异的成绩。

【故事启示】

像杨刚这样的学生班级里不止一个，作为一名教师，如果不能很好地处理这类事情，那么班级里越来越多的学生可能会发展为这一群体的成员。这样下去势必会影响到整个班级的学习氛围和纪律。而学习氛围是一个班级魂，班级纪律是集体行动的保证，这两者是一个班级健康发展必不可缺的因素。其实每个学生都有“可塑性”，只要找到突破口，因材施教，就会收到良好的效果。要转变像杨刚这样的学生，以下三种方法比较有效：

1．抓住机会多表扬。

当批评学生的一个缺点时不妨先表扬他的三个优点，这样学生在情感上比较容易接受批评，教师教育学生的效果就能达到。苏联著名的教育家马卡连科曾经说过这样一句话：“用放大镜看学生的优点，用缩小镜看学生的缺点。”

2. 开展学生互帮互助互比活动。

每个班级里肯定会存在一些有着不良行为习惯的学生，关键是如何使这些学生转变过来，这对于班级的稳定是非常重要的。我们可以在班级里开展“一帮一”活动和“多帮一”活动，让班干部帮助那些有不良行为习惯的同学，让班干部每周汇报，并在班会课上对有不良行为习惯的同学的点滴进步进行表扬。相信经过一个学期，班风就会纯正，学风就会浓厚，班级就会形成一个互帮互助互比的良好局面。

3. 积极与家长沟通，取得家长的支持和配合。

教师与家长建立共识和沟通默契后，不管是教学活动的开展还是教育责任的分担，都能得到更有效的配合与帮助。教师平时多与家长交流，多探讨学生的学习和行为习惯，可以从家长那里了解到学生的优、缺点。这样不仅能为自己增加今后与学生交流的谈资，而且也能更好地了解学生的思想动态。为了更多地了解学生星期六和星期天在家的学习情况，教师可以给学生制订一份星期六和星期天在家学习的学习情况表，并要求家长签字并题写建议。通过这份学习情况调查表，教师在与家长在纸上进行交流的同时也了解了学生不在校学习期间的学习动向，更全面地了解了学生。

作为教师，我们应该用辩证的、发展的眼光看问题，应该相信“年年岁岁花相似，岁岁年年人不同”。教师要学会用辩证的思维考虑问题，研究学生心理，深入学生的心理，及时全面地了解学生情况，以便及时和解决问题。类似杨刚同学的学生还有很多，他们也正面临着健康成长的沟沟坎坎，需要教师用心去灌溉。爱是一切事物的润滑剂，所以教师要带着一颗爱学生的心走近学生，用博大无私的爱去感染学生。

借给你一枚奖章

【教师故事】

自从在班上开展奖章评比活动以来，学生的学习、纪律风气有了较大的好转，过去那些吵闹骂人的现象减少了，作业马虎、不按时完成的毛病也没有了……孩子们的进步真使我高兴。孩子们为班级、为自己争光的荣誉感更令我感动。一枚小小的奖章，在孩子们的眼中是神圣的，只有表现好的才能获得。积累的奖章越多，进步就越大，根据平时奖章获得的枚数，可以评上“三好”学生、优秀队员呢！学生家长看到自己的孩子得到一枚枚奖章，都打来电话向我表示感谢。真想不到同学和家长如此看重奖章，我很感动，暗下决心，继续把这奖章活动深入开展下去，让更多的孩子享受荣誉，引领他们走向成功。

可我也有“烦心事”。班上有个小阳，常为小事与同学争吵，作业马虎，有时还不按时交。班上的同学怕他，讨厌他，弄得我心烦意乱。面对这样一个学生，我很恼火，曾把他叫到办公室进行批评，他当时口头表示改正，过后又故态复萌复发。后来我改变了教学方式，对他进行和风细雨式的教育，也收效甚微。

机会终于来了。几个班干部正在评当天学生在校表现的奖章，小阳小组内的四个同学，除了他，其余三位同学都获了奖章，有人还不止一枚。我看到他低着头难堪的样子，灵机一动：何不预支一个给他呢？于是，我很温和地请他把自己的语文作业给我看，我说：“小阳同学的作业也不错，有的字写得端正，有进步。我建议班干部评个‘完成作业’的奖章。”小组内的同学都感到很疑惑，小阳更是不好意思。我稍微停顿一下，环视每一个同学，用肯定并带着期望的神态说："不过，这个奖章是借给你的，希望你通过努力，明天多获几个奖章，能还得起。"他抬起头来，给我的是个笑脸，我清楚地看出，笑脸里分明有惊喜，有感激，还有决心。我接着问道："明天你能不能还？""当然能！"他的回答赢得了我赞许的目光，也赢得了同学鼓励的掌声。我抚摸着他的头，用鼓励的口吻说："你的这句话真让老师高兴，我相信你能还，而且还会获得更多的奖章。"听了我的话，他把那枚奖章小心地粘在学校联系册上，美美地欣赏着……

第二天下午放学，小阳的小组长向我报告了好消息："我们小组四个人都获得'完成作业'奖章了。"我看到小阳高兴地跑向我，递给我一枚奖章，说："我今天获了两枚奖章，还给你一枚，我还有一枚'积极发言'的奖章。我一定要改正其他小毛病，今后会获得更多的奖章，请老师相信我。"我拍拍他的肩膀，用赞赏的语气说："你比以前长大了，懂事多了，我相信你一定能实现愿望，老师等着你进步的好消息。"他一蹦一跳地走了。看着他离去的身影，我心里第一次感到欣慰……

几个月来，我记不清小阳告诉过我多少个好消息，有因为拾金不昧而获得的"好人好事"奖章；有苦学英语，考试满分后获得的"测验优秀"奖章；有喜爱课外阅读，多次练笔后获得的"优秀作文"奖章；有积极制作航模飞机，在学校比赛中拿一等奖后获得的"竞赛活动"奖章……翻开他的家校联系册，"在校表现"栏内粘着一枚枚闪闪的奖章，有的旁边还记载着获奖章的时间和经过，积累起来已有245枚，看来"三好"学生的名单中可能会有他，他也正朝着这个目标努力着。

从一个让同学"讨厌"、让老师"头痛"的后进生，到现在判若两人的好学生，这件事给我留下了很深刻的思考，仅仅是因为那一次评奖章的机会，我建议借给他一枚奖章，就能唤醒他改掉不良习气、追求上进的心灵！学生是多么在意老师的鼓励和肯定啊！教师只有主动关注学生的发展，满足学生"自我肯定或自尊的需要"，才能从领导者、管理者转变为服务者，成为学生精神生活的关怀者。

【故事启示】

掌握必要的心理学和教育学理论是对教师的基本要求，皮格马利翁效应在教育中的作用已被证实。研究表明，对学生持有良好的期望，会促进学生克服心理上和现实中的种种障碍，取得令人吃惊的成绩。而戴着有色眼镜看学生也会对学生产生较强烈的“我不行”的心理暗示。

故事中的教师在工作中充分利用了赏识、期望、激励的作用。在班上开展奖章评比活动，激发学生的积极性、自觉性。这一方法之所以有效，是由于在教育中，奖励、激励远比惩罚和不信任要好得多，因为这给了学生更多积极的情感体验，增强了学生们的自信心，调动了学生的内在热情，因而受到了学生和家长的好评。

对待屡犯错误、有破罐破摔心理的小阳，教师创造性地“借一枚奖章”给他，使小阳体会到被认可、被尊重、被信任的价值，激发了其向善、向上的动力，使之在短期内取得了明显的进步，从一个让同学“讨厌”、老师“头痛”的学生变成现在这样“判若两人”的好学生。这说明在教育中教师的肯定和鼓励、教师的情感关怀会对学生成长有多么大的意义！

言传身教的效应

【教师故事】

二年级第一学期开学没多久，班里就出现了一件事：一个叫小周的男同学的外套被剪了一个方形的口子，有巴掌大。事发的当天，我外出学习了，第二天小周的家长到学校向我反映，我才知道。我原来以为，事情发生在教室里，应该会有同学看到，所以我就直接在班上询问，没想到，竟然没有目击者。但是，学生反映了一个重要情况：一个叫小罗的男同学，在事发当天曾经和小周发生过激烈的争执。经过简单的询问和调查，小罗承认和小周吵架，但一直坚决否认剪烂了小周的外套。在没有证据的情况下，我开始感到头疼了，怎么办呢？

我本想狠狠地批评小罗一顿，或者在班上对全班同学进行一番“洗脑式”说教，但是转念一想，严厉的批评是不能解决问题的，没有针对性的“教育”也不是现代教育的良方。可是，这样毫无头绪的调查，实在是无从下手；不调查，又没法向学生和家长交代……突然，我灵机一动，想了一个办法：通常学生犯了错误，老师只要通过一些劝导，然后承认保密，学生就会承认自己的错误。

我利用班会课，组织同学们讨论：第一，如果是我的衣服被剪烂了，我会怎样？第二，有人做了这件事，不勇于承认，这是一种什么行为？发展下去后果会怎样？第三，如果犯了错误现在该怎么办？然后发给每个学生一张纸条，告诉同学们：如果你没剪烂小周的外套，便在纸条上写“我没有”三个字及自己的名字；如果你剪烂了小周的外套，但认识到自己的错误，便写“我错了”。写的时候不准互相看，同时老师绝对保密，也绝不追究，只要以后下决心改就行。

我以为会有好消息出现，可等我迫不及待地打开那些纸条时，我一下子傻眼了，上面全都写了“我没有”三个字，看来这招失灵了。我开始反思，刚才的方法是软性的，学生可能会被触动，但是似乎缺少了一些压力。学生在这种情况下，是不是会存在一点儿侥幸心理？我冥思苦想，想到了一招“美丽的谎言”。我在班上宣布，老师已经从同学们交上来的纸条上发现了重要线索，已经知道是谁做的了，如果他愿意主动承认的话，下课后悄悄到办公室来找老师，老师会原谅他的，要是他还是坚持说谎的话，老师就只能把他交给家长来处理了。我自以为这回肯定能有收获，但是，整整一个上午，也没有人来找我……

正在我一筹莫展的时候，我想起了自己亲身经历的一件事。“言传身教”是教育家们大力提倡的教育方法，我决定做最后的尝试，尽管遭受了前两次的“打击”后，我已经不敢抱很大的希望。

第二次班会课上，我对同学们说：“这节课我给大家讲一个真实的故事。十几年前，有一个小女孩，在一所小学读书，她学习成绩很好，深受老师的喜爱。一天放学后，她和另一名女同学在校园内追逐玩闹，不小心将一块石头打在了教室的窗玻璃上，玻璃虽然没有碎，但却出现了几道裂痕，她吓得转身就跑，幸亏没人看见。第二天上学，同学们都在议论那块玻璃，她很想承认，可又没有勇气。于是这件事成了她的一块心病，她时常为此感到内疚。十几年过去了，这个小女孩大学毕业后回到母校，仿佛又看到了那块被她打裂的玻璃……”

我刚说到这里，有些学生便在下面议论起来：“这小女孩是不是田老师呀？”我微微一笑说：“同学们说的没错，这个小女孩就是我。今天，我之所以把这件事讲给大家听，是因为老师觉得一个人做错了事不敢承认的话，会让他一直感到内疚和惭愧的。”说完，我发给每个学生一张白纸，请他们把自己做过的一件最内疚和惭愧的事写下来。

第二天早上，我把纸收上来一看，里面的内容真是五花八门：有的学生写他给老师起绰号；有的学生写，因老师批评了他，他怀恨在心，便把脏东西放在了老师的茶杯里；有的写他偷偷拿了教室里的粉笔……在其中的一张纸上，我看到三个字“我错了”。至此，我的一颗心终于放下了。

事后，我遵守自己的承诺，没有在班上公开。只是单独请来了双方的家长，把事情圆满解决了。小罗的家长做了相应的赔偿，小周的家长也尊重了我的意见，没有把这件事告诉小周。

后来，小罗同学在自己的日记里这样写道：“我错了，请老师相信我能改正！田老师，我不想用过多的语言来向您保证，您就看我的行动吧。”看了这篇真诚的日记，我非常高兴，给他写下了这样的评语：“跌倒一次没有关系，只要站起来，勇敢地往前走，你一定会获得成功！”

果然，在学期末的时候，小罗在全班投票选举“优秀少先队员”的活动中，成功当选，获得了学校的奖励。

【故事启示】

一位教师耐心地等待一个学生自己承认错误，并且以教师的博大胸怀包容他的缺点，相信他一定能改正缺点。在这样一种爱心和信心的关照下，这位学生不仅改正了错误，而且取得了很大的进步。这就是教育的感召力吧！

教育的对象是人，教育工作就应该从人的心理出发，理解学生，关心学生，这样教育才有针对性。一个成功的教师，必定是一个了解学生心理的人。上面故事中的田老师在解决班上发生的一个偶然事件的过程中，能够很好地分析和把握学生的心理，相信学生，并且保护学生的自尊心，最终使问题得到了圆满的解决。

在处理这件事的过程中，田老师还表现出教师应有但又常常被忽视的优秀品质，如遵守诺言、尊重学生、真诚对待学生等，以实际行动演绎了平等的师生关系。师生之间是平等的人与人之间的关系，但是在实践中，教师在上、教师权威、师生不平等仍是一个不可小视的问题：学生要尊重教师，教师却不是很尊重学生；学生要信守诺言，教师却可以不把自己说过的话放在心上；学生要对教师“坦白从宽”，教师却不必对学生敞开自己。教师这些“不经意的小节”逐步形成师生之间心灵的鸿沟，使教育不能进入学生心灵深处。苏霍姆林斯基说过：“真正的教育者和学生应该有许多东西可以谈。”这一点在我们现在的教育实践中还有些欠缺。田老师向学生这样敞开自己的心扉是非常可贵的做法。

寻找钥匙

【教师故事】

2005年我第一年担任班主任的时候，有一个名叫沈浩的学生一直让我比较头痛，上课睡觉、旷课、抽烟、去网吧，甚至打架也时有发生，学校处分了两次，被叫到办公室谈话更是家常便饭。可是不管老师怎么教育，他总是站着毫无表情，没有任何情绪波动，给我的感觉就好像他已经完全把自己的内心封闭了起来，这样的谈话对他没有丝毫的作用。

请家长来学校，通过交流才知道，沈浩读初一的时候父母离婚，后来一直跟着父亲生活，因为父母的离婚对他的打击比较大，再加上后来父亲一直忙着工作，和他交流得很少，他便经常出入网吧、游戏机室，认识了很多社会上的不良青年，有机会就混在一起，导致成绩越来越差，也养成了很多不良的习惯。等到他父亲意识到沈浩的教育出问题了，再想去管他，可是因为教育方法的问题，不但没有变好，反而激化了父子之间的矛盾，他反而更加叛逆。中考的时候没有考入普通高中，最后，他父亲好说歹说才让他答应来职高读书。

面对沈浩这种情况，怎么办？有的人说干脆开除算了，综合他的违纪记录，要想把他开除早就可以了，可我还是一直比较犹豫，开除并不能解决根本问题，那样只是我们学校把他当包袱扔给了社会，我们是轻松了，可是这个学生可能在这条歪曲的路上走得更远，更无法回头。

作为他的班主任，我实在没有勇气对他的父亲宣布这个结果。有一天情况有了转机。为了让学生们了解Photoshop这个软件在平面设计中的作用，培养他们的学习兴趣，我就利用两节课的时间，带他们去镇上的一家文印店实践学习。在听文印店工作人员介绍的时候我偶然发觉了沈浩的变化。平常在学校上课大都是睡觉，什么都无所谓的他，眼神精神了很多，好像听得非常认真。“难道这是一个契机？”这个想法在我的脑子里一闪而过，为了证实我的想法，在后面的实践操作部分，我就让他模仿工作人员演示时做的灯箱广告，现场再做一个，他一开始比较犹豫，在所有人的鼓励下，他终于走到电脑前，做了一个灯箱广告。做的过程中看得出他很紧张，操作过程也比较生涩，但是他非常认真，而且有一些自己的想法。对他的设计图，形我和文印店的工作人员都给予了肯定和表扬，他显得很激动而且有些羞涩。我知道我找到通向他内心深处大门的钥匙了。

利用这一次的发现，在后来的学习中我就有意多创造机会让他去实践，有空就让他去机房，给他布置一些平面设计的任务，如设计一张海报，设计杂志封面等，并且借一些相关书籍让他学习，向他介绍一些相关的学习网站，有问题就一起研究，上课的时候找机会让他来教其他同学做图。通过这些，他的性格逐渐开朗起来，和我交流的次数也越来越多，也能够接受老师的建议，与同学的关系也越来越融洽，和他父亲的矛盾也逐渐得到缓解，后来违纪的情况逐渐少了。他父亲和我打电话的时候也夸他越来越懂事了，完全变了一个人。高三实习，他选择了一家文印店，据说做得不错，店老板对他很满意，实习结束很想让他留下。

【故事启示】

随着独生子女群体数量的不断增大，家庭问题的复杂化，社会上各种不良影响对学生的冲击越来越大，以及现代观念更新的加快，越来越多的学生存在厌学情绪，很多学生不愿意努力学习，害怕学习，贪图享受，盲目追求和崇拜歌星、偶像，迷恋网络游戏，喜欢谈情说爱，谈男女朋友，上课萎靡不振。对于这些学生，作为教师怎么去帮助他们，转化他们，让他们养成良好的思想道德行为习惯呢？

首先，教师要给他们更多的关怀。因为像沈浩这样的学生长期不被老师和同学们认可，他们得到表扬的机会很少。其实他们更需要教师和同学的关心和尊重，让他们在融洽的师生关系中得到快乐和温暖。其次，要给他们客观的鼓励。要注意对这些学生表扬的客观性，不切实际的表扬起不到应有的激励作用，有时甚至会起反作用。教师需要细心、耐心地去发现，发现每一位后进生的优点与长处，去寻找那把能打开他们的心灵之锁的钥匙，然后以巧妙的方式，让他们自己和同学们都觉得他们确实有了进步，他们的确该受到表扬。这种客观的表扬才具有真正的激励作用。

自负的优秀生

【教师故事】

陈晨是个非常优秀的学生，人长得漂亮，有一双会说话的大眼睛，能歌善舞，素质发展比较全面，在学校是个受欢迎的学生，学校领导看着喜欢，班主任更是视为心腹骨干，回到家里，爸爸妈妈又把她捧为掌上明珠，宠爱有加。

有个这样能干的学生，作为班主任当然十分高兴，一直都很重用她，凡事都让她管，可渐渐地我发现她越来越自命不凡，和同学之间的矛盾也越来越大了。这学期开学初重新成立班委会，我征求陈晨的意见，她说这个同学“太笨”，那个同学“不会说话”，不是摇头就是撇嘴，意思十分露骨：全班除了她没人能当班干部了！也许正是她的这种态度，引起了同学们的不满，班干部竞选时，她以11票之差落选了。当时，她就急哭了，中午拒绝吃饭表示对竞选结果的不满。

面对陈晨这样从小就成绩好，能力强，备受家长老师的宠爱，渐渐养成了自负心理的孩子，我决定采用“极限催化”的方法，让她在生活中实实在在、心服口服地看到别人的优点，也看到自己的缺点。

在一次《假如我是……》的习作中，她写了《假如我是公主》，文章中处处表露出作为一个公主的骄傲，而班中有一位平时成绩很一般的学生，写了《假如我是一位母亲》，文章写得朴实感人。我就在讲评课上范读了她们的作文，让学生来评析。不少学生都指出，陈晨的文章太过骄傲，立意也不切实际，都称赞另一位学生的文章真实感人。我看出陈晨的不服气，课后我拉着她走在校园里，告诉她做人不可以太过骄傲，每个人都有自己的长处和缺点，今天这位同学的文章写得比她好并不奇怪，一个人不可能十全十美，我又帮她分析了班干部落选并不是因为她能力不够，而是她太过自负，把当班干部看成一种炫耀，而不是为班级服务，所以同学们才会不信任她！她听后头埋得低低的，红着脸轻轻地说："我懂了……"

接着，我又去陈晨家进行了家访，把她最近的表现婉转地告诉了她的家长，并站在他们的立场真心地分析了利弊，家长听了很感动，也意识到对孩子过分的宠爱给孩子带来了不利的一面。他们决定和我一起帮她改正缺点，成为更优秀的学生。

果然，那以后在她家长的协助下，在我同她一次次谈心下，她变了，变得乐于和同学交流了，变得能虚心听取同学们的建议了，变得更乐于助人了。在第二次的班干部竞选中，全票通过评她为班长。她高心地跑到我身边，在我耳边悄悄说了声："谢谢您！老师！"

【故事启示】

这则故事给了我们以下的启示：

1. 消除"马太效应"，把每个人都看成"金矿"。

身为教育者最大的心愿莫过于学生们都能健康成长。但现实总不会那么尽如人意，也不会那样整齐划一，有聪明好学的优等生，也有反应慢、习惯差的困难生。在班级里难免会出现优生优待、差生差待的现象，这就是教育工作中的"马太效应"。"马太效应"使得少数学生成为"精神贵族"，而多数学生成为班级中的"陪衬品"或"附庸物"，从而形成少数与多数的隔阂、分化和对立。这种分化一旦开始，必然导致班集体的分化瓦解，使学生丧失最佳发展环境，少数优生由于受到过度的甚至是不当的表扬，变得自负自傲、孤芳自赏；而大多数学生由于处于一种被忽视甚至被歧视的境地，造成心理的畸变，这是多么悲剧的一幕！所以作为教师首先要摒弃“马太效应”，不偏爱优秀生，一视同仁，把每个学生都看成“金矿”。

2. 教师要引导、激励学生发现内在的“大写的我”。

骄傲自负、看不起别人，是许多能力突出的优秀生身上的通病。故事中的陈晨身上典型地表现出了这种高傲的心理。她目中无人、惟我独尊，班上同学没一个在她眼里，以至于大家都不愿选她当班干部。像她这样怀有高傲心理、瞧不起别人的人往往既看不到自己的缺点，也看不到别人的优点，觉得自己总比别人强。这种学生，教师最好要引导他们意识到自己的缺点，让他们自己感到有改正缺点的必要。故事中教师对陈晨采取的是“极限催化”的方法，即：不是对她的缺点进行逆阻，而是采用一种对缺点顺推的方法，创造一定的条件和机会，催化其缺点，从而促使学生反省自己的所作所为，产生羞愧难当的感觉，进而痛改前非。在她认识到自己的错误以后，启发她明白“尺有所短，寸有所长”的道理。

3. 培养学生正确对待挫折的态度。

很多像陈晨这样优秀的学生长期生活在“糖水”中，很少受挫折，缺乏心理承受能力，形成了外表光亮坚硬、实则不堪一击的“蛋壳心理”。只是一次班干部评选的落选，她就急得掉眼泪，只是一次作文不如人家，她就难受，这对她将来的人生道路是很有影响的，谁能保证她将来永远一帆风顺？如果生活中遇到更大的挫折，她又将如何？在这种情况下，教师及时地对她进行教育，引导她正确地面对挫折，对她今后的人生具有深远的意义。

耐心+赏识+鼓励=成功

【教师故事】

我班陈华伟同学，自高二开始，上课就不够专心，有时甚至在课堂上睡觉，平时与同学交流少，显得不合群，但他课后有时能与科任老师交谈，到上体育课时，他总是冲得最快，即使旷课也从不旷体育课，表现出积极锻炼的一面，而且学习并不落后。因此，我对他并没有太多关注。

直到高三开始，陈华伟表现得相当松散，经常不上早操、晚修，还有旷课现象。他的行为表现得越来越令人担忧，上课精神不集中，经常在课堂上睡觉，学习成绩下降，也不参加月考，除了体育课以外，他一点儿活力也没有。我与他进行了几次谈话，他每次说的都一样，总是给出身体不好、胃痛、晚上睡不着等理由。并且他总是表示明天一定会上早操、晚修，但到第二天，一切照常。

我觉得陈华伟内心肯定存在什么不可告人的秘密，不然他不会表现得如此消沉。我应该帮助他，使他尽快从消沉情绪中走出来。我意识到他的这种消沉情绪，一定来自周围环境：是沉迷于网络游戏？这好像不可能，因为他不属于这种类型的人。是由于与同学之间的某种关系，还是由于家庭问题？当时他没有把家里的电话给我，我也没法与他家长联系。因此，我只有从与他关系密切的同学那儿了解情况，但同学们都说他下课后就在宿舍里，没有到外面做什么。我想这也许是因为同学们对他没有太多的了解，或不肯对我说真心话。为此，我再次找他谈话，但他也没有告诉我真话，只说身体还没恢复，不能早起做早操，等等，但经检查他并没有什么大病。

为什么陈华伟的精神状态这么差呢？我只有设法与他的家长联系了。我从原来的同事处打听到了他家的电话，给他家长打了电话。他家长感到很意外，没想到儿子变得这么“坏”，便很快赶到学校。我把情况跟他父亲反映，与他父亲彼此交谈，共同引导孩子说老实话。在与他父亲的交谈中，我了解了他家的情况：他的家庭生活相当困难，家里有四个子女上学，母亲有病没钱医治，借贷供他上学，全家人把希望寄托在他的身。针对这种情况，我认为和家长一起从思想、人生观等方面对他进行教育，他可能会转变过来，发愤图强、积极向上。在那以后，我和他的家长表示，要加强交流。

为此，我每次和陈华伟的家长谈话之后，都告诉陈华伟，这是为了唤醒他的心灵。然而，没过多久，他又“复发”。由此看来，我的工作还没能深入到他的内心世界。为此，我又多次与他谈心，从各个层面上启发他，希望能走进他的心里，让他掏心，把心里的秘密说出来。然而，他还是什么都不说。从此以后，我几乎每天通过不同的方式与他沟通，希望能获得信息。直到有一天，他跟我要100元钱，说是要还给其他同学，我才从有关同学那里了解到情况：他在暑假补课时，到宿舍偷了几位同学的衣服和复习资料，那几位同学威胁他，要他定期还钱，他心里害怕才说了出来并找我借钱。为此，我马上通知他家长立即赶到学校。然后我们找到那几位同学，一起解决问题。当一位同学听说他家里借贷供他上学时，便不要他还钱了。这时候，他哭了。我抓住这一时刻，和家长做他的思想工作，使他真正能“变”。

从此以后，他真的变了，虽然还是比较内向，但学习刻苦了，遵守纪律了。但我怕他又“变”。因此，我对他更加关注，只要有一点儿苗头，便立即与他交谈，帮他分析不足，鼓励他要相信自己、战胜自己。尽管现在他的学习不能尽快赶上，但我相信，通过不断关注，通过他的努力，高考时他一定会以理想的成绩来回报我！

【故事启示】

这则故事表面看起来比较烦琐，其实不然，很多这个年龄段的学生的心理健康问题并不都是那么复杂，因为他们还年轻，他们是受教育者，所以他们的人生经历、生活体验决定了他们很容易犯错误、受伤害，但他们又是很容易改正、被治愈的，因为他们一天天地成长。在对待学生心理健康问题的时候，教师应该做好以下工作：

1. 关注学生健康。

现代社会的“健康”概念，已超越传统的医学概念，不仅包括躯体、生理健康，而且还包括精神、心理健康。当今社会竞争激烈，学生面临高考，学习压力大、心理脆弱，压抑情绪得不到宣泄。再者，由于缺乏良好的生活环境和教育环境，各种不良现象、失控行为时有发生。例如，某些学生由于家庭生活困难，与富裕的学生相处时，会产生自卑感。于是，为寻得心理平衡，以个人利益为重的行为动机由此产生，加上各种直观、客观原因，他们在道德观念形成过程中逐渐造成道德认知上的偏差。这些都与学生自身的素质有关，尤其是与其心理素质有关。

2. 开展心理健康教育。

仅靠学校开展心理健康教育是不够的，社会环境和家庭影响尤其重要。创设良好的学习环境，加强与家长的合作，帮助家长发挥他们的教育功能，对于改善和预防学生的心理障碍、帮助学生成长极其重要。

3. 对问题学生的闪光点给予赏识和鼓励，以此攻克其不良行为。

学生在某一方面取得了成绩，作为教师应该及时发现、及时赏识，这样就可以激发学生看到自身的优点，他们就会从潜意识当中发现自己有着很优秀的一面，从而带动了学生其他方面的进取心，并且让他们相信自己在其他方面也会做得非常优秀。

4. 加强与家长的联系，做好家长的思想工作。

沉重的家庭压力已经成为问题学生严重心理障碍的主要因素之一，急功近利、面子观点，都对学生的心理产生了极大的压力。教师要与家长保持密切联系，适时对学生家长给予适当的指导，使学生良好的心理素质能够在良好的家庭环境中被培养。

椅子在哭泣

【教师故事】

"铃！铃！铃！"上课铃响了，我捧着语文书大步流星地往教室走去。教室里，同学们正在值日班长的组织下引吭高歌，井然有序。突然，我的视线被讲台前一把损坏的椅子吸引住了。"这又是哪个学生弄坏的呢？天天强调要爱护公物，怎么还是这样？"我按捺不住内心的怒火。坐在前排的同学已经明白了老师阴沉着脸的原因，在等待我向他们发火。此刻，我犹豫了。教师的责任感告诉我，必须及时处理这件事；理性也提醒我，不要发火，发火将无济于事。突然，我灵机一动，何不把这节课改成作文课呢？就地取材，题目就叫《椅子在哭泣》。

于是，我冷静地走上讲台，把那把"受伤"的椅子小心地放到讲台上。我拿起椅子放到讲台上的一刹那，全班同学哄堂大笑。面对学生的笑声，我极力抑制住自己的怒火，指着椅子沉重地说道："同学们，好笑吗？""不好笑！""为什么不好笑？"全班同学都摇头。"老师看着这把椅子，心里非常难过、非常伤心，我实在笑不出来。为什么呢？要知道没有它们，我们就得站着上课，它为我们付出了那么多，可作为椅子的主人，我们却如此伤害它，我们难道不该觉得惭愧吗？……此时椅子正在伤心地哭泣，你们听见了吗？同学们，你们还笑得出来吗？"此时教室鸦雀无声。随后，全班同学纷纷举起小手。有的说："我听到了椅子的哭泣声，我想对椅子说：'别难过，相信损坏你的人此时正在自责呢！他一定会帮你治好创伤的！’”有的说：“我们是椅子的主人，我们没有理由不爱护它。”……之后，我顺势引导他们把今天课堂上发生的事写下来。

作文交上来了，效果出奇的好，连平时最怕写作文的同学也洋洋洒洒写出了六百多字，感情真挚，认识深刻。更可喜的是，中午放学后，椅子已经被几位调皮的男生悄悄地修好了。我相信今天这节特殊的语文课，会给大家留下深刻的印象……

假如当时我站在讲台前满腔怒火地质问全班同学椅子是谁破坏的，可能会很快解决问题，但是收到的效果肯定不及前者。自从这件事后，班上再无一例损坏公物的事件发生。

【故事启示】

教育一线的教师都会遇到此类的困惑：当偶发事件和教学相冲突时，该如何有效地处理好教学和偶发事件之间的矛盾呢？其实，思想纪律教育和知识传授应是紧密结合、融会贯通的。“教书育人，贵在创造。”对于教育过程中出现的偶发事件，只要教师善于抓住教育契机，灵活运用，大胆尝试，创造性地利用我们身边的教育资源，就会收到意想不到的效果。

“教育要善于抓住时机、讲究实效，否则将事倍功半。”从这则故事中我们深深领悟了其含真正含义。其实，在教师的周围，潜藏着许多书本上无法找到的教育资源，只要教师善于发现、善于挖掘、善于利用，教育教学活动一定会丰富多彩。

今天，我们全班“怀孕”

【教师故事】

今天早上，学校出了件怪事，从我班中走出来的男生、女生每一个都是大腹便便的，颇似“孕妇”。这引起了校内师生的一片惊讶，大家议论纷纷，到底怎么了？难道是……不可能！全班都这样呢！原来，他们正在进行一项体验活动，主题就是“体验母亲”。

在昨天的《历史与社会》课上，我设计了一个课堂调查：班中有多少同学知道父母生日，并为父母庆祝过生日？原以为这是个很老套的问题，他们能回答得很好。没有想到，问题老套，答案却是一点儿没变，举手的人少得出乎意料。我刚想向他们说说自己关于孝心的看法并以此给他们一些教育时，有一个学生竟然靠在座位上恨恨地说：“他们有的时候都会忘记我的生日啊，凭什么让我为他们庆祝生日？有时候，看着他们对忘记我的生日摆出无所谓的样子，我就觉得生气……”那咬牙切齿的样子，让我有点儿心寒，我说：“可是他们有那么多的事情要做，偶尔忘记也是可以被原谅的啊！”“那他们既然这样对我，为什么还把我生出来呢？”这一切说得很自然，丝毫没有不好意思。面对侃侃而谈的他，我感到震惊，更感到愤怒！但我还是冷静地压下了心中的怒火，并临时决定举行一次“体验母亲”的教育活动。

体验活动的内容设定为“体验母亲”：每个学生准备两个4斤重的沙袋，从第二天早晨开始，将它们一前一后地缚在身上，并以此“身怀六甲”的身躯继续学习生活一天，以体验母亲十月怀胎的辛苦。

绑上沙袋的学生，酷似“孕妇”，一个个腆着肚子，样子十分可笑。有的调皮的学生还摸摸自己的肚子说：“孩子，快长大吧，老爸等你出来给你买好吃的呢！”有的孩子故意摸摸别人肚子，嘴里念念有词：“你的太小了，看看我的孩子，比你大多了，以后你的孩子肯定不是我孩子的对手！”有的则是和同学们挺起肚子将沙袋相撞，说是练习孩子的“铁头功”。一下子，教室闹哄哄的，他们也仿佛真正地沉浸在当母亲的快乐中，兴奋不已！上课了，他们陆续回到座位上，但是兴奋的他们还是很难冷静，各种姿态的滑稽样都有！今天真是全班“怀孕”啊！

两节课后，我再次来到教室看他们。这时，他们的兴趣已经大不如开始时强烈了，我明白沙袋的重量发挥作用了。有的瘦小的学生已经开始用手扶着腰走路了；而有的更是坐在座位上，用手扶着沙袋，连那些平时最好动的孩子也苦着脸坐在座位上……

下午上课的时候，我发现他们似乎很累，似乎又有很多话想说……我明白，教育体验活动的效果已经出现了！

从我宣布解开绳子和沙袋的那一刻开始，学生除了张大嘴巴喘气、用手揉着自己酸胀的腰部以外，没有更多的动作和语言，都静静地用眼神交流着自己的感悟。在走向讲台的过程中，他们都像比昨天成熟了不少，眼神中有理解，也有愧意……

A同学说：“今天，我当了一回‘孕妇’，确实累得腰酸背痛，而且走路、办事都不方便。这时我真正地感受到母亲当年怀着我的不易，真的明白为什么人家说天下最伟大的爱是母爱了！”

B同学说：“今天，我上楼下楼、拿东西、端盆子十分困难，每当我做不同的动作而遭遇困难的时候，我就想起母亲那个时候的艰难，这时，我深深地理解了平时母亲对我的要求。”

C同学说：“我平时常常有意无意地伤害母亲，不听母亲的话，和母亲顶嘴。我现在很后悔，今天回家，我一定要向母亲道歉，以后我再也不这样了。”

D同学说："这次活动带给我很多的思考和启发，我真的要做母亲的乖孩子！也谢谢老师的良苦用心！"

【故事启示】

在教育中，马斯洛和罗杰斯提出了人本主义理论，认为教育中必须以人为本，以学生为主体，真正地实现人性化教育。这次活动，则在根本上体现了以学生为本的理念，让孩子主动、自主地通过体验活动接受教育，从而在自主中建构自己新的认识体系，不断进步。

苏霍姆林斯基说过："真正的教育就是自我教育。"教育不仅仅是简单的说教和无奈的责骂，它更是师生共同经历的生命历程。它要求学生能够在主动的体验下，得出认识，同化、顺应旧认知体系，建构新认知体系。而且，也只有在这样的"体验——认识——感悟"的教育过程中受到的教育，才是效果最佳的教育。新课标要求学生能够在学习中体验，并结合实践，通过与生活实践结合的教育得到感悟，这样的教育就给了学生最深的体验，并让学生在切身体验的过程中实现自我教育。

参考文献

[1] 傅道春. 教学优秀案例分析：教师行为研究［M］. 北京：教育科学出版社，2001.
[2] 胡晓华. 学生心理辅导案例精选［M］. 杭州：浙江教育出版社，2005.
[3] 余文森，林高明，陈世滨. 有效教学的案例与故事［M］. 福州：福建教育出版社，2011.
[4] 张万祥，万玮. 教师专业成长的途径：30位优秀教师的案例［M］. 上海：华东师范大学出版社，2005.
[5] 王晓春. 做一个聪明的教师：教师思维方式案例点评［M］. 上海：华东师范大学出版社，2007.
[6] 徐世贵. 教师自主成长——基于名师成长案例的分析［M］. 北京：外语教学与研究出版社，2008.
[7] 范国睿，程灵. 诗意的追求——教师实践智慧案例导引［M］. 上海：华东师范大学出版社，2007.
[8] 郑金洲. “新课改”教师必读丛书：基于新课程的课堂教学案例［M］. 福州：福建教育出版社，2003.
[9] 唐凯麟，刘铁芳. 教师成长与师德修养［M］. 北京：教育科学出版社，2007.
[10] 卢军. 教师成长关键词［M］. 重庆：重庆大学出版社，2008.
[11] 余文森. 教育博客：教师专业成长的航程［M］. 福州：福建教育出版社，2007.
[12] 张仁贤. 零距离接触：优秀班主任工作案例解读［M］. 北京：中国

轻工业出版社，2007.
[13] 杨连山，魏永田. 名师讲述班主任的核心教导力［M］. 重庆：西南师范大学出版社，2008.
[14] 傅建明，胡志奎. 班级管理案例［M］. 广州：广东教育出版社，2009.
[15] 杨连明. 现代教师教育专业引领案例评析［M］. 上海：上海科学技术文献出版社，2006.